Wetter

Wetter

Ravensburger Buchverlag

Inhalt

Zu diesem Buch

Knack den Code!
- Die Fragen sind durchnummeriert, diese Nummern finden sich auf der Schatzkarte auf Seite 72 wieder
- Die Lösungsbuchstaben werden auf der Schatzkarte eingetragen
- Die Auflösung findest du auf Seite 80

Regen, Schnee und Hagel

26

Knack den Code!
3. Was erstellte Admiral Sir Francis Beaufort?
(1. Buchstabe)

Niederschläge gibt es in unterschiedlicher Form: als Regen, Graupel, Hagel oder Schnee. Damit es regnet, muss sich die Luft um eine Wolke abkühlen. Die Wassertröpfchen in der Wolke werden stärker aneinandergedrückt, verschmelzen und sinken ab. Unterwegs verbinden sie sich mit weiteren Tropfen. Irgendwann sind sie so schwer, dass die Regentropfen aus der Wolke zur Erde fallen.

Verschiedene Regenarten
Sprüh- oder Nieselregen ist feiner Regen mit sehr kleinen Tröpfchen. Wenn sich in kalten Wolken Eiskristalle gebildet haben, vereinen sich diese zu Schneeflocken. Die Flocken fallen aus der Wolke, tauen manchmal aber in einer wärmeren Luftschicht wieder auf und kommen als große Regentropfen auf der Erde an. Graupel entsteht, wenn Regentropfen oder angetaute Schneeflocken durch eine sehr kalte Luftschicht unter der Regenwolke fallen. Die Tropfen gefrieren dann zu kleinen Eiskörnern, dem Graupel. Egal, in welcher Form Regen vom Himmel fällt: Er kann im Boden versickern, in Gewässer abfließen, von Pflanzen aufgenommen werden oder verdunsten.

Kaum zu glauben

In Irland wachsen dank des Golfstroms sogar Palmen!

TOGGO CLEVER CLUB

Entdecke online noch mehr spannendes Wissen!

In diesem Buch erfährst du jede Menge über das Wetter. Noch mehr Wetter-Wissen und weitere spannende Themen findest du im TOGGO-CleverClub online-Lexikon. Jetzt kannst du einen Monat lang kostenlos neues Wissen entdecken, zum Beispiel zu den Themen Tiere, Ritter, Dinos, Fußball und Pferde.

Meld dich einfach unter www.toggo-cleverclub.de an mit dem
PASSWORT: CLVRWETR

Übrigens: Im TOGGO-CleverClub gibt es außerdem über 100 monatlich wechselnde Lernspiele mit deinen TOGGO Stars.

Viel Spaß mit dem TOGGO-CleverClub!

www.toggo-cleverclub.de

Hagelkörner können über 10 cm groß und mehr als 1 kg schwer sein!

Du entscheidest selbst:
- Wie kam es zur Jahrhundertflut an der Elbe? ➡ Seite 40/41
- Regnet es auch in der Wüste? ➡ Seite 42/43

Vorsicht, Hagel

Hagel entsteht, wenn die Eiskristalle aus den Wolken auf ihrem Weg zum Boden durch starke Aufwinde immer wieder nach oben gewirbelt werden. Dadurch lagert sich immer mehr Eis an und die Eiskristalle werden schwerer und schwerer.

Es schneit!

Schneesterne werden durch Eiskristalle in den Wolken gebildet. Sie verbinden sich, werden schwerer und sinken als Schneeflocken zur Erde. Fast immer sind Schneesterne sechsarmig. Ihre Form hängt von der Temperatur ab. Ist es sehr kalt, sind die Flocken klein und nadelartig. Bei Temperaturen um den Gefrierpunkt sind sie größer und verzweigter.

Schnee erscheint weiß, weil die vielen Eiskristalle das Licht sehr gut reflektieren.

Jede Schneeflocke ist einzigartig, keine sieht wie die andere aus.

Lies mal weiter! Seite 52, 54, 58

• Verweis auf weiterführende Seiten im Buch

Du entscheidest selbst!
• Was interessiert dich am meisten?
• Auf welcher Seite willst du weiterlesen?

Wie das Wetter entsteht

Unser Wetter hat viele Gesichter: Sonnenschein, Regen, Schnee oder Sturm. Wie das Wetter wird, entscheidet sich hoch oben über unseren Köpfen in der Atmosphäre, der Lufthülle der Erde. Die Hauptrolle dabei spielen Sonne, Wind und Wolken. Wichtige Faktoren für das Wetter sind aber auch Luftdruck, Temperatur und Feuchtigkeit.

Was ist das Wetter?

Das Wetter interessiert und beschäftigt alle Menschen, Tag für Tag. Vom Wetter hängt ab, was sie anziehen oder in der Freizeit unternehmen. Das Wetter beeinflusst ihre Stimmung und ihr Verhalten. Für manche Menschen ist das Wetter auch beruflich wichtig, etwa für Bauern oder Fischer. Ein Hagelschauer kann eine ganze Ernte zerstören und ein Sturm ein Fischerboot zum Kentern bringen. Manchmal wird das Wetter sogar für viele Menschen zur Gefahr, wenn Stürme und Orkane über das Land fegen oder Überflutungen alles unter Wasser setzen.

Wie wird das Wetter?

Weil das Wetter so wichtig für uns Menschen ist, möchten wir wissen, wie es morgen oder übermorgen sein wird. Damit beschäftigt sich die Meteorologie, die Wissenschaft vom Wetter. Die Meteorologen haben sehr viel über unser Wetter herausgefunden. Sie können erklären, wie sich bestimmte Wetterlagen entwickeln und warum das Wetter manchmal verrücktspielt. Sie wissen, wie Hagel entsteht und was bei Gewitter passiert. Was aber weder sie noch andere Menschen können, ist selbst Wetter machen. Denn der wichtigste Wettermacher außerhalb unserer Atmosphäre ist die Sonne!

Ein schöner Frühlingstag: blauer Himmel und wenige Wolken.

Wetter oder Klima?

Unter Wetter versteht man alle Abläufe in der Atmosphäre, wie Wolken, Wind, Regen und Schnee, die zu einem bestimmten Zeitpunkt auftreten. Beobachtet man das Wetter über mehrere Tage oder Wochen, dann spricht man von Witterung. Mit Klima bezeichnet man das über mehrere Jahrzehnte normalerweise vorherrschende Wetter in einem größeren Gebiet.

Die Jahreszeiten

In den meisten Gebieten der Erde ändert sich das Wetter im Laufe eines Jahres, es gibt verschiedene Jahreszeiten. Das ist uns aus Deutschland und anderen europäischen Ländern vertraut. In den Gebieten in der Nähe des Äquators bleibt es dagegen fast immer heiß, und an Nord- und Südpol ist es das ganze Jahr über kalt.

Schlechtes Wetter droht, wenn dichte Regenwolken oder dunkle Gewitterwolken am Himmel stehen.

▶ **Wetter**: Vorgänge in der Atmosphäre zu einem bestimmten Zeitpunkt, können sich in Minuten ändern
▶ **Witterung**: Wetterlage in einem bestimmten Gebiet über mehrere Tage bis Wochen
▶ **Klima**: Alle Wettervorgänge in einem Gebiet über mehrere Jahrzehnte

Hallo Milena,
hier an der Nordsee ist es echt klasse! Wir laufen im Watt herum, suchen Muscheln und haben viel Spaß. Aber es nervt, dass sich das Wetter hier dauernd ändert! Papa hat mir erklärt, dass das typisch für die Nordseeküste ist.
Viele Grüße
Bettina

Milena Müller
Schubertgasse 5
73402 Schenzberg

Lies mal weiter!
Seite 14, 58, 60

Die Atmosphäre

Unsere Erde ist von einer schützenden Lufthülle, der Atmosphäre, umgeben. Ohne sie gäbe es kein Leben auf unserem Planeten. Die Atmosphäre besteht aus verschiedenen Gasen, vor allem aus Stickstoff und Sauerstoff und etwas Kohlendioxid. Nicht jeder Planet besitzt eine Atmosphäre. Auf dem Merkur zum Beispiel schwanken die Temperaturen ohne Schutzhülle zwischen −183 und +427 Grad Celsius.

Unsere Atmosphäre besteht aus verschiedenen Schichten.

Wichtige Schutzfunktion

Am Tag schützt die Atmosphäre die Erde vor Überhitzung durch zu viel Sonnenstrahlen. Nachts verhindert sie, dass die Wärme der Sonne zurück ins Weltall abgestrahlt wird. Außerdem liefert die Atmosphäre uns die Luft zum Atmen und schützt uns vor gefährlicher Strahlung (UV-Strahlung der Sonne) aus dem Weltraum.

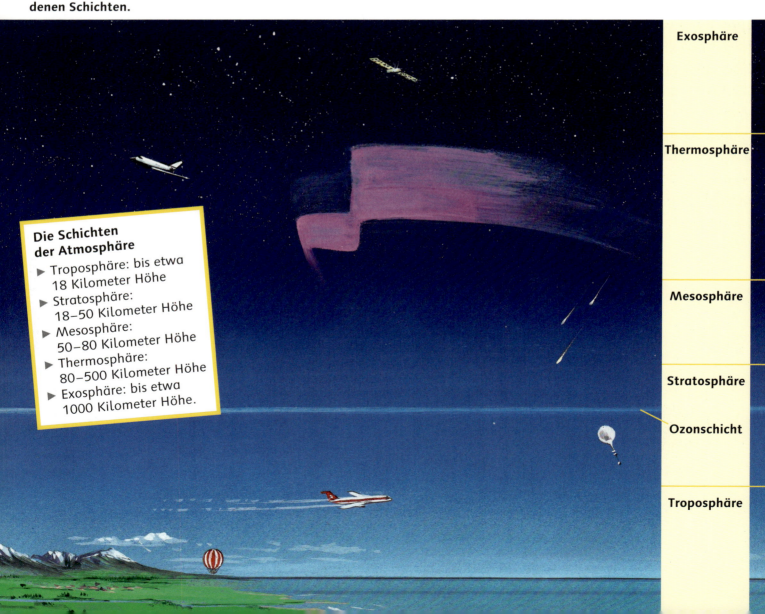

Die Schichten der Atmosphäre
▶ Troposphäre: bis etwa 18 Kilometer Höhe
▶ Stratosphäre: 18–50 Kilometer Höhe
▶ Mesosphäre: 50–80 Kilometer Höhe
▶ Thermosphäre: 80–500 Kilometer Höhe
▶ Exosphäre: bis etwa 1000 Kilometer Höhe.

Exosphäre

Thermosphäre

Mesosphäre

Stratosphäre

Ozonschicht

Troposphäre

Gliederung der Atmosphäre

Die Atmosphäre gliedert sich in vier Schichten: Troposphäre, Stratosphäre, Mesosphäre und Thermosphäre. Es gibt dort extrem unterschiedliche Temperaturen und Luftverhältnisse. Wir leben in der untersten Schicht, der Troposphäre. Sie reicht etwa bis in 18 Kilometer Höhe. Hier befinden sich die „Wetterküche" unserer Erde und der Großteil der für uns lebensnotwendigen Luft.

Die Schicht oberhalb der Troposphäre heißt Stratosphäre. Sie enthält ein wichtiges Gas, das Ozon. Ozon nimmt einen Teil der Sonnenstrahlung auf und wandelt sie in Wärme um. So wird verhindert, dass zu viel schädliches UV-Licht auf die Erde gelangt. Die Ozonschicht ist daher von großer Bedeutung für unser Klima. Danach folgt die Mesosphäre. In der Thermosphäre

Vom Weltraum aus sieht die Atmosphäre wie eine dünne bläuliche Hülle aus.

entstehen die Polarlichter. In der Exosphäre geht die Atmosphäre allmählich in den luftleeren Weltraum über.

Treibhauseffekt
Ohne den natürlichen Treibhauseffekt wäre es wesentlich kälter auf der Erde. Die durchschnittliche Oberflächentemperatur würde nur minus 18 Grad Celsius betragen.

Natürlicher Treibhauseffekt

Das Kohlendioxid in der Atmosphäre wirkt wie ein Glasdach. Es verhindert, dass die auf der Erde auftreffenden Sonnenstrahlen wieder ins Weltall abgestrahlt werden. Das nennt man „natürlicher Treibhauseffekt".

Der Mond hat keine Atmosphäre. Dort gibt es weder Leben noch Wetter.

Du entscheidest selbst:
• Wie entstehen Wolken?
➡ Seite 24/25
• Was ist das Ozonloch?
➡ Seite 64/65

Lies mal weiter!
Seite 14, 18, 64

Wettermotor Sonne

Die Sonne ist ein riesiger, glühend heißer Ball und bildet den Mittelpunkt unseres Sonnensystems. Ihr Durchmesser beträgt 696 000 Kilometer und sie ist rund 150 Millionen Kilometer von der Erde entfernt. Ihre kraftvollen Strahlen reichen bis zur Erdoberfläche und versorgen sie mit Licht und Wärme. Ohne den Schutz durch die Atmosphäre würden die energiegeladenen Strahlen die Erde aber versengen.

Nur ein kleiner Teil der Sonnenstrahlen erreicht die Erdoberfläche. Ein großer Teil wird reflektiert. Durch die Strahlung der Sonne ist es auf der Erde warm.

Riesige Energiemengen

Im Inneren der Sonne ist es unvorstellbar heiß, es herrschen Temperaturen von rund 15 Millionen Grad Celsius. Außen sind es nur noch 6000 Grad. Ständig setzt die Sonne riesige Energiemengen frei. Nur ein kleiner Teil der Sonnenenergie kommt aber auf unserer Erde an. Davon bleibt ein Teil in der Atmosphäre hängen und der Rest wird wieder ins Weltall zurückgestrahlt, vor allem von den großen Eis- und Schneeflächen. Die Erde wird von der Sonne auch nicht überall gleich stark erwärmt, dadurch entstehen verschiedene Klimazonen.

Die Jahreszeiten

Die Erde dreht sich in einem Jahr einmal um die Sonne. Weil die Erdachse nicht gerade, sondern etwas geneigt ist, scheint die Sonne dabei nicht immer im gleichen Winkel auf die Erde. Dadurch entstehen die Jahreszeiten. Wenn bei uns Sommer ist, treffen die Sonnenstrahlen steil von oben auf die Erde, im Winter dagegen in einem flachen Winkel.

Verglichen mit der Erde ist die Sonne riesig groß. Sie bildet den Mittelpunkt unseres Sonnensystems.

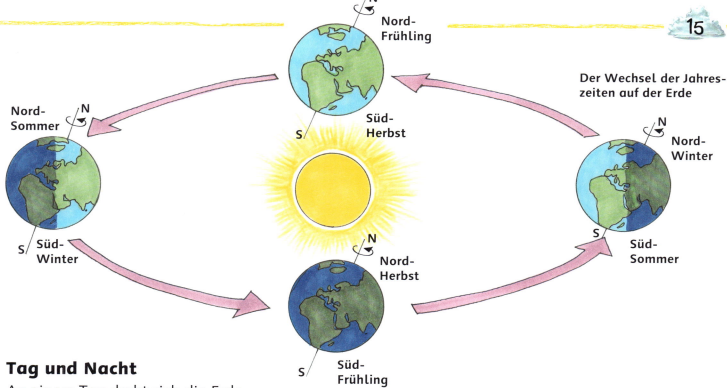

Nord-Frühling

Nord-Sommer

Süd-Herbst

Süd-Winter

Der Wechsel der Jahreszeiten auf der Erde

Nord-Winter

Süd-Sommer

Nord-Herbst

Süd-Frühling

Tag und Nacht

An einem Tag dreht sich die Erde einmal um ihre eigene Achse. Wenn bei dieser Drehung unsere Erdhälfte der Sonne zugewandt ist, dann ist bei uns Tag. Aber weil sich die Erde weiterdreht und dabei von der Sonne abwendet, wird es allmählich Nacht. Dafür beginnt auf der anderen Erdhälfte der Tag.

Im Winter ist der Sonnenstand niedrig, es wird früh dunkel.

Im Sommer steht die Sonne mittags hoch am Himmel, die Tage sind lang.

Du entscheidest selbst:
• Wie entsteht ein Regenbogen?
➡ Seite 32/33
• Wann wurde das erste Thermometer erfunden?
➡ Seite 46/47

Lies mal weiter!
Seite 16, 42, 58

Wind- und Wasserströmungen

Die Coriolis-Kraft lenkt die Luftströmungen ab.

In vielen Regionen der Erde herrschen bestimmte Windsysteme vor. Sie werden hauptsächlich von der Sonne angetrieben. Die Sonne erwärmt die Luft am Äquator sehr viel stärker als in anderen Regionen. Diese warme Luft dehnt sich aus, steigt nach oben und strömt in großer Höhe in Richtung der Pole. Dabei kühlt sich die Luft ab und fließt in Bodennähe zurück zum Äquator. So entstehen rund um den Globus verschiedene Windsysteme.

Windzonen auf der Erde

In den Tropen sind das die Passatwinde. Auf der Nordhalbkugel weht der Passat aus nordöstlicher Richtung, auf der Südhalbkugel aus südöstlicher. In der Nähe des Äquators ist es oft fast windstill, diese Zone nennt man Kalmen. Nördlich und südlich des Äquators und der Tropen schließen sich die eher windschwachen Rossbreiten an.

Der Coriolis-Effekt

Zusätzlich wird die Luft durch die Bewegung der Erde um ihre eigene Achse abgelenkt: Die Luftbewegungen auf der Nordhalbkugel werden nach rechts und auf der Südhalbkugel nach links abgelenkt. Das bezeichnet man als den sogenannten Coriolis-Effekt.

Knack den Code!

2. Welche globale Meeresströmung prägt das Wetter in Europa?
(3. Buchstabe)

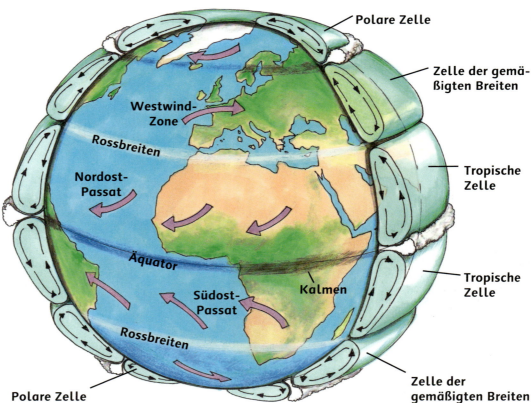

Polare Zelle

Zelle der gemäßigten Breiten

Tropische Zelle

Tropische Zelle

Zelle der gemäßigten Breiten

Polare Zelle

Westwind-Zone

Rossbreiten

Nordost-Passat

Äquator

Kalmen

Südost-Passat

Rossbreiten

Die Windzonen sind Teil der globalen Windsysteme auf der Erde.

Golfstrom

Beständig wehende Winde treiben die Meeresströmungen (blau = kalt, rot = warm) an.

Die Meeresströmungen

Auch gewaltige Meeresströmungen haben Einfluss auf unser Wetter und Klima. Rund um den Globus gibt es über 30 solcher Meeresströmungen, die von den beständigen Winden angetrieben werden. Sie sorgen auf der Erde für den Austausch von warmem und kaltem Wasser. Die Meeresströmungen transportieren kaltes Wasser aus den Polargebieten in die heißen Tropen und warmes Wasser aus den Tropen in die Polargebiete. Die Winde tragen dann die warme oder kalte Luft über den Meeresströmungen zum Land.

Wärme durch den Golfstrom

Eine Meeresströmung ist vor allem für das Klima in Europa wichtig: der Golfstrom. Diese Meeresströmung verläuft längs der Ostküste der USA und bringt warmes Wasser in den Nordatlantik. Dem Golfstrom verdanken die Menschen in Europa das relativ milde Klima. Ohne ihn wären die Winter hier deutlich kälter.

Kaum zu glauben

In Irland wachsen dank des Golfstroms sogar Palmen!

Das Wetter in Europa wird maßgeblich vom Golfstrom beeinflusst.

Lies mal weiter!
Seite 22, 25, 38

Hochs, Tiefs und Fronten

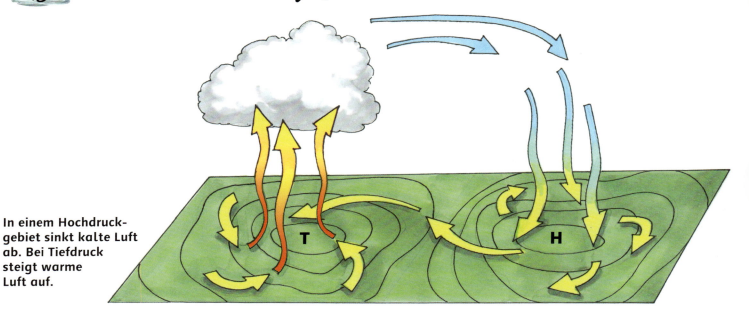

In einem Hochdruck-gebiet sinkt kalte Luft ab. Bei Tiefdruck steigt warme Luft auf.

Hochdruckgebiet

Kalte Luft ist schwerer als warme Luft, da sie eine höhere Dichte hat. Wenn in der Höhe Kaltluft absinkt, entsteht am Boden ein Hochdruck-gebiet. Hochdruck bedeutet bei uns im Sommer meist schönes, warmes Wetter, im Winter aber oft strengen Frost.

Tiefdruckgebiet

Warme Luft hat eine niedrigere Dichte, steigt sie auf, entsteht ein Tiefdruckgebiet. Typisches Tief-druckwetter bringt bei uns dichte Bewölkung und Regen oder im Winter Schnee. Der Wind frischt oft auf und bläst aus vorwiegend südwestlicher bis nordwestlicher Richtung.

Wenn die Luft über einem großen Gebiet die gleiche Temperatur und Feuchtigkeit hat, nennt man sie Luftmasse. Sobald irgendwo kalte und warme Luftmassen aufeinandertreffen, ändert sich in diesem Gebiet das Wetter. Denn die beiden Luftmassen vermischen sich nicht, sondern verdrängen einander. Dort, wo sie aufeinandertreffen, entsteht eine Wetterfront. Eine Wetterfront kann sehr groß sein und sich über Tausende von Kilometern erstrecken.

Namensgebung

Interview mit Dr. Klimatis

Herr Dr. Klimatis, seit wann bekommen Hoch- und Tief-druckgebiete Namen?
Das wurde bereits im Jahr 1954 eingeführt.

Tatsächlich? Das hat aber kaum jemand bemerkt, oder?
So ist es! Erst im Februar 1990, als sehr viele und starke Stür-me über Deutschland fegten, wurde man durch die Orkan-tiefs „Vivien" und „Wiebke" darauf aufmerksam.

Zwei Frauennamen?
Ein Tief bekam damals immer einen Frauennamen, ein Hoch einen Männernamen.

Ist das noch immer so?
Nein, aus Gründen der Gleich-berechtigung wird seit 1998 jährlich abgewechselt.

Vielen Dank für das Gespräch.

Warmfront und Kaltfront

Es gibt zwei Arten von Wetterfronten: Warmfronten und Kaltfronten. Eine Warmfront entsteht, wenn warme Luftmassen in das Gebiet kalter Luftmassen eindringen. Die warme, leichtere Luft steigt nach oben und kühlt ab. Wolken bilden sich und es gibt oft lange anhaltenden Regen. Bei einer Kaltfront trifft kalte auf warme Luft. Die kalte, schwerere Luft schiebt sich unter die warme Luft und drückt sie nach oben. Hohe Wolken entstehen, es gibt heftige Schauer oder Gewitter. Die Temperatur sinkt.

Du entscheidest selbst:
- Wie entstehen Winde?
  ➡ Seite 22/23
- Was kann man auf einer Wetterkarte sehen?
  ➡ Seite 52/53

Warmfront

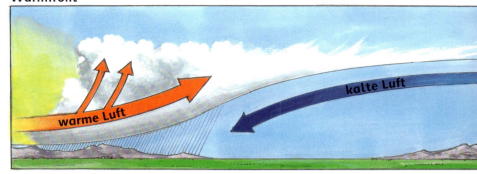

warme Luft

kalte Luft

Kaltfront

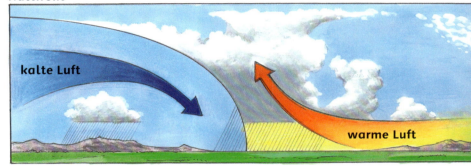

kalte Luft

warme Luft

Zwischen zwei unterschiedlichen Luftmassen bildet sich eine Wetterfront.

Eine Kaltfront zieht mit dunklen Wolken auf.

Lies mal weiter!
Seite 26, 30, 47

Wind, Wolken, Regen und andere Wetterphänomene

Die meisten Menschen freuen sich über schönes Wetter, doch für die Wetterforscher ist es viel interessanter, wenn sich an der Wetterfront etwas tut. Gespannt beobachten sie, wie plötzlich Wind aufkommt und sich die Wolken verändern. Vielleicht fängt es an zu regnen oder es gibt sogar Hagel? Besonders faszinierende Wetterphänomene sind Gewitter mit Blitz und Donner.

Die Winde

Die Luft um uns bewegt sich ständig, manchmal weht eine leichte Brise, manchmal ein kräftiger Wind. Die Sonne heizt die Erdoberfläche auf. Das Land und die Luft darüber werden schneller erwärmt als das Wasser. Die warme Luft über dem Land wird leichter und steigt nach oben, es entsteht ein kleines Tiefdruckgebiet. Die kühle und schwerere Luft über dem Wasser strömt nach und sinkt nach unten. Dort entsteht ein Hoch-druckgebiet. Unten angekommen, erwärmt sich die kalte Luft und steigt auf. Diese Bewegungen der Luft nehmen wir als Wind wahr. Die Luft bewegt sich immer vom Hoch-druck- zum Tiefdruckgebiet. Je grö-ßer der Druckunterschied dazwischen ist, desto stärker weht der Wind.

Orkan über Deutschland

München, 19. Januar Ein Tief über dem Ostatlantik war Auslöser für den Orkan Kyrill, der gestern mit 110 km/h über Deutschland hinwegfegte. Zum Teil wurden sogar Windböen von 202 km/h gemessen! Brücken wurden gesperrt, der Verkehr war stark behindert. Schulen, Kindergärten und Universitäten blieben geschlossen. Elf Menschen kamen ums Leben, zahlreiche wurden verletzt. Auch heute ist die Situation noch chaotisch – Tausende Menschen haben weiterhin keinen Strom.

Die Windstärken

Wind kann unterschiedlich stark wehen. Der englische Admiral Sir Francis Beaufort erstellte im Jahr 1805 auf Grundlage von Natur-beobachtungen eine Windskala von 0 bis 12. Diese nach ihm benannte Beaufort-Skala ist noch heute gültig.

Windstärken nach der Windskala von Beaufort

0	1	2	3	4	5	6
Windstille bis 1 km/h	**Leichter Zug** 1–5 km/h	**Leichte Brise** 6–11 km/h	**Schwache Brise** 12–19 km/h	**Mäßige Brise** 20–28 km/h	**Frische Brise** 29–38 km/h	**Starker Wind** 39–49 km/h

7	8	9	10	11	12
Steifer Wind 50–61 km/h	**Stürmischer Wind** 62–74 km/h	**Sturm** 75–88 km/h	**Schwerer Sturm** 89–102 km/h	**Orkanartiger Sturm** 103–117 km/h	**Orkan** ab 118 km/h

Tageszeitliche Winde

An warmen und sonnigen Tagen weht an der Küste immer ein Wind von der See zum Land: der Seewind. Er entsteht, weil das Festland schneller von der Sonne erwärmt wird als das Meer. Die warme Festlandsluft steigt auf und die kühlere Luft strömt vom Meer nach. Nachts kühlt sich dagegen das Festland schneller ab als das Wasser und es weht Wind vom Land auf das Meer hinaus: der Landwind.

Landwind: Nachts speichert das Wasser Wärme. Warmluft steigt auf, Kaltluft vom Land fließt nach.

Du entscheidest selbst:
• Was ist ein Willy-Willy?
 ➡ Seite 36/37
• Wie entsteht ein Monsun?
 ➡ Seite 38/39

Seewind:
Über dem Land steigt Warmluft auf, Kaltluft vom Wasser fließt nach.

Bei Föhn, einem typischen Wind in den Alpen, hat man oft sehr gute Fernsicht.

Lies mal weiter!
Seite 30, 37, 39

Die Wolken

Wolkenarten

Federwolken

Schleierwolken

Schäfchenwolken

Haufenwolken

Regenwolken

Je nach Wetter und Landschaft können Wolken unterschiedlich aussehen. Dennoch gibt es Wolkentypen, die immer wieder auftreten. Federwolken sind hellweiß, dünn und federartig. Schleierwolken sehen wie zarte Schleier aus, Schäfchenwolken bilden Gruppen aus kleinen, weißen „Bällchen". Die bauschig dicken Haufenwolken sind meist Schönwetterwolken. Dichte graue Haufenwolken türmen sich hoch auf und bringen Regen oder Gewitter.

Höhe der Wolken

Wolken werden nach ihrem Aussehen unterschieden und danach wie hoch sie am Himmel stehen: Unterhalb von 2000 Metern gibt es tiefe Wolken, mittelhohe Wolken liegen zwischen 2000 und 6000 Meter und hohe Wolken treten über 6000 Meter auf.

Wie Wolken entstehen

Wolken bestehen aus Millionen von winzigen Wassertröpfchen oder Eiskristallen. Sie entstehen, wenn feuchtwarme Luft, das heißt Luft mit viel Wasserdampf, über der Erde oder dem Wasser aufsteigt. Oben ist es kälter als unten, deshalb kühlt der Wasserdampf ab und wird wieder flüssig: Er kondensiert. Winzige Wassertröpfchen entstehen, verschmelzen miteinander und bilden Wolken. Werden die Wassertropfen zu schwer, fallen sie als Regen auf die Erde.

2. Wenn Warmluft am Berg aufsteigt, bilden sich Regenwolken. Sie bleiben an der Gebirgswand hängen.

1. Durch die Sonne erwärmte feuchte Luft steigt auf, kühlt ab und kondensiert zu Wassertropfen: Wolken entstehen.

3. Trifft eine Schicht Warmluft auf Kaltluft, steigt sie darüber auf. Sie kühlt ab, es bilden sich Wolken.

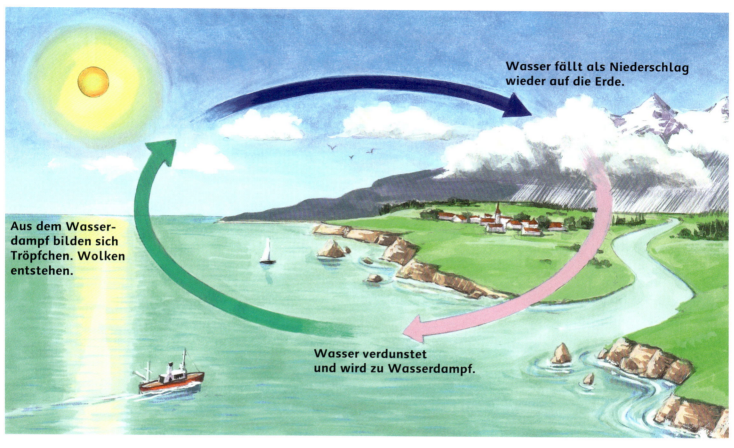

Wasser fällt als Niederschlag wieder auf die Erde.

Aus dem Wasserdampf bilden sich Tröpfchen. Wolken entstehen.

Wasser verdunstet und wird zu Wasserdampf.

Die Sonnenwärme treibt den Wasserkreislauf an.

Der Wasserkreislauf

Die Wolkenbildung ist Teil eines ständigen Wasserkreislaufs auf der Erde. Durch die Sonneneinstrahlung verdunstet Wasser aus den Meeren, Seen und Flüssen. Es entsteht Wasserdampf, ein Gas, das in die Atmosphäre aufsteigt. Dort kühlt es ab und kondensiert zu Tröpfchen, es bilden sich Wolken. Je nach Temperatur bilden sich in den Wolken Regentropfen, Schneekristalle oder Hagelkörner, die wieder auf die Erde fallen. Dieses Wasser fließt zurück in die Seen, Flüsse und das Meer und verdunstet erneut.

Experiment: Wolken erzeugen

Du brauchst: warmes Wasser, großen Topf, Schale mit Eiswürfeln

1. Fülle den Topf ein paar Zentimeter hoch mit warmem Wasser.
2. Schwenke die Schale mit den Eiswürfeln über dem Topf.
3. Es bilden sich feine Wölkchen. Die Wolken entstehen, weil sich feuchtwarme mit kühler Luft mischt.

Lies mal weiter!
Seite 19, 26, 52

Regen, Schnee und Hagel

Die Wassertröpfchen in der Wolke werden immer schwerer, bis sie als Regentropfen zu Boden fallen.

Niederschläge gibt es in unterschiedlicher Form: als Regen, Graupel, Hagel oder Schnee. Damit es regnet, muss sich die Luft um eine Wolke abkühlen. Die Wassertröpfchen in der Wolke werden stärker aneinandergedrückt, verschmelzen und sinken ab. Unterwegs verbinden sie sich mit weiteren Tropfen. Irgendwann sind sie so schwer, dass die Regentropfen aus der Wolke zur Erde fallen.

Verschiedene Regenarten

Sprüh- oder Nieselregen ist feiner Regen mit sehr kleinen Tröpfchen. Wenn sich in kalten Wolken Eiskristalle gebildet haben, vereinen sich diese zu Schneeflocken. Die Flocken fallen aus der Wolke, tauen manchmal aber in einer wärmeren Luftschicht wieder auf und kommen als große Regentropfen auf der Erde an. Graupel entsteht, wenn Regentropfen oder angetaute Schneeflocken durch eine sehr kalte Luftschicht unter der Regenwolke fallen. Die Tropfen gefrieren dann zu kleinen Eiskörnern, dem Graupel. Egal, in welcher Form Regen vom Himmel fällt: Er kann im Boden versickern, in Gewässer abfließen, von Pflanzen aufgenommen werden oder verdunsten.

Für die Natur ist Regen lebenswichtig, nur dann können Pflanzen wachsen und gedeihen.

Hagelkörner können über 10 cm groß und mehr als 1 kg schwer sein!

Du entscheidest selbst:
• Wie kam es zur Jahrhundertflut an der Elbe? ➡ Seite 40/41
• Regnet es auch in der Wüste? ➡ Seite 42/43

Vorsicht, Hagel

Hagel entsteht, wenn die Eiskristalle aus den Wolken auf ihrem Weg zum Boden durch starke Aufwinde immer wieder nach oben gewirbelt werden. Dadurch lagert sich immer mehr Eis an und die Eiskristalle werden schwerer und schwerer.

Es schneit!

Schneesterne werden durch Eiskristalle in den Wolken gebildet. Sie verbinden sich, werden schwerer und sinken als Schneeflocken zur Erde. Fast immer sind Schneesterne sechsarmig. Ihre Form hängt von der Temperatur ab. Ist es sehr kalt, sind die Flocken klein und nadelartig. Bei Temperaturen um den Gefrierpunkt sind sie größer und verzweigter.

Schnee erscheint weiß, weil die vielen Eiskristalle das Licht sehr gut reflektieren.

Jede Schneeflocke ist einzigartig, keine sieht wie die andere aus.

Lies mal weiter!
Seite 52, 54, 58

Nebel, Tau, Reif und Eis

Tautropfen lassen sich auch auf Spinnennetzen nieder.

Im Herbst und im Winter kann man vor allem morgens und abends eine besondere Wettererscheinung beobachten: den Nebel. Nebel ist nichts anderes als eine Wolke dicht über dem Boden. Er entsteht, wenn sich die Luft abends oder nachts so stark abkühlt, dass der darin enthaltene Wasserdampf zu Tröpfchen kondensiert. Kalte Luft kann nämlich weniger Wasserdampf aufnehmen als warme Luft. Je stärker die Luft abkühlt, desto mehr Tröpfchen bilden sich und desto dichter wird der Nebel. Sobald die Sonne wieder scheint, löst sich der Nebel bald auf: Die Wärme lässt das Wasser verdunsten, der dabei entstehende Wasserdampf ist unsichtbar.

Was ist Tau?

Im Sommer entdeckt man nach einer kühlen, klaren Nacht an Gräsern, Blättern und Pflanzen oft feine Tautröpfchen. Sie fallen nicht vom Himmel, sondern sie bilden sich, wenn die bodennahe Luft nachts abkühlt. Am frühen Morgen kondensiert dann der überschüssige Wasserdampf in der Luft zu kleinen Tröpfchen, die sich an den Pflanzen und am Boden absetzen. Die Temperatur, bei der sich Tau bildet, heißt Taupunkt.

Nebel besteht aus vielen feinen Wassertröpfchen dicht über dem Erdboden.

Reif

Wenn sich nachts der Boden unter 0 Grad Celsius abkühlt, wird der in der Luft enthaltene Wasserdampf direkt zu Eis – ohne vorher zu Tau zu kondensieren. Die dabei entstehenden Eiskristalle nennt man Reif. Oft ist es schön anzusehen, wenn Bäume, Wiesen oder Dächer von einer dünnen, weißen Schicht überzogen sind.

Schön, aber gefährlich: Eis

Wasser gefriert bei Temperaturen unter 0 Grad Celsius zu Eis. Wenn Seen und Teiche zugefroren sind, freuen sich die Kinder darüber. Entsteht dagegen Glatteis auf den Straßen, wird es gefährlich. Das passiert, sobald Regen auf gefrorenen Boden trifft und gefriert. Glatteis gibt es häufig am Ende einer winterlichen Kälteperiode.

Reif besteht aus Eiskristallen, die sich an Pflanzen oder Gegenständen anlagern.

Knack den Code!
4. Wie heißt Wasserdampf, der zu Eis wird?
(3. Buchstabe)

Liebe Britta, endlich ist der Weiher in unserem Dorf zugefroren! Gleich nach den Hausaufgaben treffen wir uns jetzt immer zum Schlittschuhlaufen. Morgen wollen wir Eishockey spielen. Ich hoffe, unsere Mannschaft gewinnt! Viele Grüße Marcus

Wenn es draußen sehr kalt ist, entstehen innen am Fenster oft Eisblumen.

Lies mal weiter! Seite 24, 43, 55

Naturgewalt Gewitter

Kaum zu glauben

Ein Blitz kann bis zu 30 000 Grad Celsius heiß werden.

Blitze suchen den kürzesten Weg zur Erde. Deshalb schlagen sie oft in hohe Bäume ein.

An schwülen, heißen Sommertagen gibt es nachmittags häufig Gewitter, sogenannte Wärmegewitter. Damit ein Gewitter entstehen kann, muss die Luft sehr feucht sein. Im Sommer heizt die Sonne Erde und Gewässer stark auf. Die erwärmte, feuchte Luft steigt schnell nach oben und kühlt ab. Kalte Luft kann weniger Feuchtigkeit speichern als warme Luft. Deshalb bilden sich Wolken – zuerst kleine, dann immer größere, bis zu 10 Kilometer hohe Haufenwolken.

Chaos in den Wolken

Solche Gewitterwolken sind die größten Wolken, die es gibt. Wetterforscher nennen sie Cumulonimbus-Wolken. Oben in den Wolken ist es sehr kalt, die Wassertropfen gefrieren dort zu Eiskristallen, unten bleiben sie flüssig. Kräftiger Wind wirbelt die Eiskristalle und Wassertropfen immer wieder durcheinander. Dabei verbinden sie sich zu größeren Teilchen. Wenn sie so schwer sind, dass die Winde sie nicht mehr hochwirbeln können, fallen sie als Regen oder Hagel zur Erde.

Heute sind Andi und ich mit dem Fahrrad ins Schwimmbad gefahren. Wir waren eine Weile im Wasser, da kam plötzlich ein Gewitter auf. Es ist ganz dunkel geworden. Wir sind schnell aus dem Wasser raus, haben unsere Sachen geholt und uns beim Kiosk untergestellt. Dann ging's auch schon los! Es hat geblitzt und gedonnert. Gut, dass wir im Trockenen standen!

Vorsicht Blitz!

Beim Zusammenstoßen von Wassertropfen und Eiskristallen in der Gewitterwolke entsteht elektrische Ladung. Der obere, kältere Teil der Wolke ist meist positiv geladen, der untere, wärmere Teil negativ. Irgendwann kommt es zur Entladung zwischen positiven und negativen Teilchen – es blitzt!

Blitzableiter schützen Menschen und Gebäude vor den gefährlichen Blitzen.

Es donnert!

Auf dem Weg zur Erde erhitzt der Blitz die Luft sehr stark. Die Luft dehnt sich explosionsartig aus. Ist sie schneller als der Schall, donnert es. Blitz und Donner treten gleichzeitig auf. Weil sich Licht aber schneller als Schall ausbreitet, sehen wir zuerst den Blitz. Will man wissen, wie nah das Gewitter ist, zählt man die Sekunden zwischen Blitz und Donner. Diese Zahl teilt man durch drei und erhält die Entfernung des Gewitters in Kilometern.

Du entscheidest selbst:
- Was ist ein Wirbelsturm?
  ➡ Seite 36/37
- Wie funktioniert ein Wettersatellit?
  ➡ Seite 50/51

Was tun, wenn es blitzt?

- ▶ Auf freiem Feld eine Mulde suchen, in die Hocke gehen, Arme um den Körper schlingen.
- ▶ Nicht unter Bäumen unterstellen.
- ▶ Im Schwimmbad das Wasser sofort verlassen.
- ▶ Im Auto oder im Haus bleiben.
- ▶ Zu Hause Stecker von Fernseher und Computer ziehen.

Lies mal weiter!
Seite 18, 24, 38

Knack den Code!

5. Wie nennt man einen weißen Ring um die Sonne?
(2. Buchstabe)

Manchmal kann man am Himmel merkwürdige Lichterscheinungen beobachten. Sie treten auf, wenn das Sonnenlicht auf Wassertropfen oder Eiskristalle fällt. Das Licht wird dann gebrochen, das heißt in seine verschiedenen Farben zerlegt. Normalerweise erscheint uns Sonnenlicht weiß oder gelb, tatsächlich aber besteht es aus verschiedenen Farben, den sogenannten Spektralfarben. Jede Farbe hat ihre eigene Wellenlänge. Langwelliges Licht ist rot, dann folgen Orange, Gelb, Grün, Blau und das kurzwellige Violett.

Die Regentropfen zerlegen das Licht in die Spektralfarben.

Regenbogen

Wir sehen einen Regenbogen, wenn es regnet und hinter unserem Rücken die Sonne steht. Trifft das Sonnenlicht auf die Regentropfen, wird es gebrochen: Wir sehen einen bunten Regenbogen am Himmel. Oft gibt es neben dem Hauptregenbogen noch einen zweiten, schwächeren Nebenregenbogen. Er entsteht dadurch, dass das Licht in den Regentropfen zweimal reflektiert wird.

Polarlichter treten
in verschiedenen Farben
auf.

Halo

Wenn das Sonnenlicht nicht auf
Regentropfen, sondern auf Eiskristalle trifft, spalten diese das Licht
in weiße oder mehrfarbige Ringe.

Es entsteht ein sogenannter Halo,
ein dünner, meist weißer Ring, der
die Sonne umgibt. Ein Halo ist oft
Vorbote für schlechtes Wetter.

Polarlicht

In den Polarregionen treten besonders schön anzusehende Lichterscheinungen am Himmel auf:
die farbigen Polarlichter. Sie entstehen durch elektrisch aufgeladene
Teilchen, die von der Sonne mit
bis zu 1600 Kilometern in der Stunde
ins Weltall geschleudert werden. In
Erdnähe werden die Teilchen vom
Magnetfeld der Pole angezogen und
zum Leuchten angeregt.

**Ein Halo sieht wie
ein Heiligenschein aus,
der die Sonne umgibt.**

Lies mal weiter!
Seite 14, 48, 55

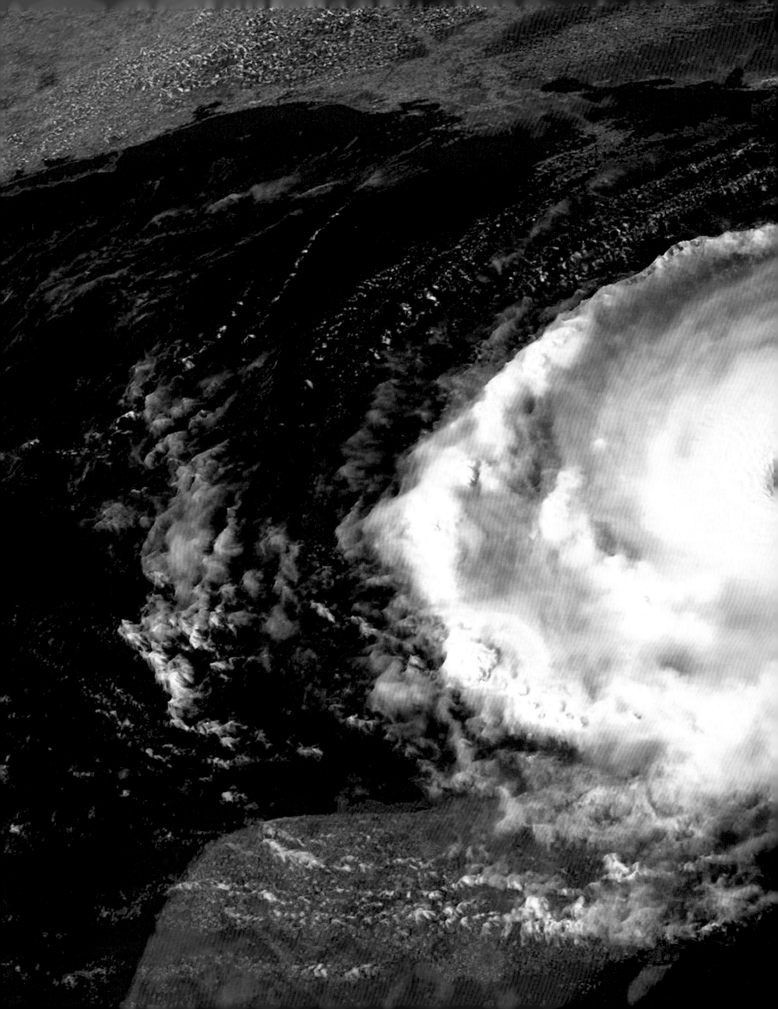

Wenn das Wetter verrücktspielt

Extreme Wetterverhältnisse sind oft Thema in den Nachrichten. Einmal toben heftige Wirbelstürme über einer Region und richten enorme Schäden an. Oder es kommt durch starken Regen zu schlimmen Überflutungen oder Erdrutschen. Anderswo fällt monatelang kein Tropfen Wasser und alles trocknet aus. Auch Naturereignisse wie El Niño bringen das Wetter durcheinander, oft weltweit.

Wirbelstürme

Viel gefährlicher als ein Gewitter sind Wirbelstürme, die verheerende Verwüstungen anrichten. Tornados sind kleine Wirbelstürme, die am häufigsten in den USA vorkommen – selten auch in Europa. Sie zerstören Häuser, entwurzeln Bäume, lassen Autos durch die Luft fliegen.

Ein Tornado fegt über das Land und nimmt alles mit, was auf seinem Weg liegt.

Ein gewaltiger Strudel

Ein Tornado entsteht, wenn unter einer großen Gewitterwolke warme Luft spiralförmig aufsteigt. Die Drehbewegungen werden immer schneller und enger. An der Unterseite der Wolke bildet sich ein „Schlauch", der sich zur Erde bewegt. Dort fegt der Tornado mit rasender Geschwindigkeit über den Boden und nimmt alles mit, was ihm unterwegs begegnet.

Die Fujita-Skala und die Tornadoschäden:

F0
unter 118 km/h,
leichte Schäden

F1
118 bis 180 km/h,
mäßige Schäden

F2
181 bis 253 km/h,
erhebliche Schäden

F3
254 bis 332 km/h,
ernste Schäden

F4
333 bis 419 km/h,
verheerende
Schäden

F5
420 bis 512 km/h,
katastrophale
Schäden

Hurrikane

Ein anderer gefährlicher Wirbelsturm ist der Hurrikan, der riesige Gebiete zerstören kann. Er entwickelt sich in den Tropen über warmen Meeren. Wasserdampf und warme Luft steigen schnell auf, ein Tiefdruckgebiet entsteht. Um dieses Gebiet drehen sich spiralförmig heftige Winde, die bis zu 300 Kilometer pro Stunde schnell sein können. Im Auge des Hurrikans ist es dagegen windstill.

Solche tropischen Wirbelstürme gibt es auch in anderen Gebieten: in Indien heißen sie Zyklon, in China und Japan Taifun und in Australien nennt man sie Willy-Willy.

Hallo Moritz,
du kannst dir nicht vorstellen, was hier los ist! Ein Hurrikan ist über unseren Ferienort hinweggebraust, viele Häuser sind abgedeckt, auch unser Hotel ist beschädigt. Wir müssen morgen abreisen.
So ein Mist, ich fand es echt toll hier in Florida!
Viele Grüße Tim

In der Mitte des Hurrikans befindet sich das windstille „Auge".

Knack den Code!

6. Wie nennt man einen tropischen Wirbelsturm in Indien?
(6. Buchstabe)

Lies mal weiter!
Seite 16, 18, 50

Monsune und El Niño

Monsun

Der Begriff Monsun kommt vom arabischen Wort „mawsim" und bedeutet übersetzt „(für die Seefahrt) geeignete Jahreszeit". Er bezieht sich auf die jahreszeitlich wechselnden Winde.

In den Tropen und Subtropen entstehen jedes Jahr beständig wehende Winde, die Monsune. Sie wechseln halbjährlich ihre Richtung: Man spricht daher von Sommer- und Wintermonsunen. Besonders ausgeprägt ist der Monsun am Indischen Ozean.

Wochenlanger Regen

Im Sommer erhitzt die Sonne das Land stark. Die warme Luft steigt auf und vom Meer strömt kalte Luft nach. So entsteht der Sommermonsun, der vom Meer zum Land weht. Er bringt gewaltige Wolken und damit Regenfälle mit sich, die das trockene Land dringend braucht. Oft regnet es wochenlang und es kommt zu Überschwemmungen. Im Winter strömt die kühlere Luft vom Land auf das wärmere Meer.

Sehr starker Monsunregen kann zu Überschwemmungen führen.

Das Korallensterben durch zu warmes Wasser ist eine Folge von El Niño.

El Niño: Auf der einen Seite des Pazifiks regnet es wochenlang, auf der anderen herrscht Trockenheit.

Passatwinde

Normalerweise weht über dem Süd-pazifik beständig der Passatwind. Er drückt das warme Wasser des Meeres in Richtung Australien. Vor Südamerika kann kaltes Wasser aufsteigen, das viele Nährstoffe für die Meerestiere bringt. Der Passat nimmt auf seinem Weg viel Feuch-tigkeit auf, die vom Meer verdunstet. Dadurch entstehen große Wolken-felder, die später den Monsunregen nach Asien bringen.

El Niño

Alle drei bis sieben Jahre lässt der Passatwind über dem Südpazifik aber zeitweise nach. Westwinde drücken jetzt das Wasser, das sich weiter aufheizt, in entgegengesetz-te Richtung, nach Südamerika. Die Nährstoffe für die Meerestiere fehlen im warmen Wasser und über Land entstehen nun starke Regenfälle. In Asien dagegen fehlt der Regen, es kommt dort zu Dürren und Wald-bränden. Wo es also sonst trocken ist, regnet es, und wo es regnet, herrscht große Trockenheit.

El Niño

Der Begriff „El Niño" kommt aus dem Spanischen und bedeutet übersetzt „das Christkind". Denn diese Meeres-strömung tritt alle 3 bis 7 Jahre um die Weihnachtszeit auf.

Bei El Niño suchen Robben vergeblich nach Beute: Im warmen Wasser wandern die Fische ab.

Du entscheidest selbst:
• Welche Klimazonen gibt es?
➡ Seite 58/59
• Wie wird das Klima der Zukunft aussehen?
➡ Seite 66/67

Lies mal weiter!
Seite 16, 40, 58

Überflutungen

Jedes Jahr richten Überschwemmungen überall auf der Welt riesige Schäden an. Überschwemmungen können verschiedene Ursachen haben: In tropischen Regionen spielen Monsunwinde eine wichtige Rolle, während in Nordamerika häufig Hurrikane die Auslöser sind. Auch in Europa kommt es zu Überflutungen, zum Beispiel durch extreme Regenfälle oder Sturmfluten.

Kaum zu glauben

Seit 1906 hat es an der deutschen Nordseeküste 10 Sturmfluten gegeben!

Sturmflut an der Küste

An der Nordseeküste kann es durch die ausgeprägten Gezeiten – Ebbe und Flut – zu gefährlichen Sturmfluten kommen. Lang anhaltende Stürme aus Nordwesten drücken die Wassermassen an die Küste. Auch bei Ebbe ist der Wasserstand dann hoch und nimmt bei Flut weiter zu. Die Folge sind Überschwemmungen.

Die Sturmfluten an der Nordseeküste setzen Straßen und Häuser unter Wasser.

Flut an der Elbe

Interview mit Dr. Klimatis

Dr. Klimatis, wie kommt es immer wieder zum Hochwasser an der Elbe?

Durch heftige, andauernde Regenfälle in den Alpen, im Erzgebirge und im Riesengebirge.

Was passiert dann?

Die Wassermassen versickern nicht mehr im Boden und mehrere Flüsse, vor allem die Elbe, treten über ihre Ufer.

Kann so etwas wieder passieren?

Ausschließen kann man das nicht, aber seit der sogenannten „Jahrhundertflut" im Jahr 2002 wurde der Hochwasserschutz in den gefährdeten Gebieten sehr verbessert.

Vielen Dank für das Gespräch Dr. Klimatis!

Knack den Code!
7. Welche Winde können in den Tropen die Ursache für Überschwemmungen sein?
(1. Buchstabe)

Hochwasser

Im Jahr 2002 führten extreme Niederschläge zu großflächigen Überschwemmungen an Elbe und Donau auf einer Länge von 800 Kilometern. Deutschland, Österreich, Tschechien und die Slowakei waren davon betroffen.

Schutz vor Hochwasser

In Hochwasser gefährdeten Gebieten werden zum Schutz Deiche aus Erde gebaut. Sie sollen das Wasser abhalten. An den Mündungen großer Flüsse schützen gewaltige Sperrwerke gegen Hochwasser.

Die Jahrhundertflut von 2002 hat entlang der Elbe große Schäden angerichtet. Die Luftaufnahme zeigt die überflutete Stadt Dresden.

Lies mal weiter!
Seite 16, 38, 67

Extreme Temperaturen

Waldbrände wie 2007 in Griechenland zerstören jedes Jahr große Waldflächen.

In Deutschland freuen wir uns meist über Sonnenschein und warmes Sommerwetter. Doch in anderen Regionen der Erde hat zu große Hitze katastrophale Folgen. Wenn es über einen längeren Zeitraum zu heiß ist und nicht regnet, sterben die Pflanzen ab. Oft werden so ganze Ernten zerstört. Manchmal trocknet der Boden so stark aus, dass nichts mehr wächst.

Dürre und ihre Folgen

In einigen Regionen der Erde kommt es jedes Jahr durch extreme Hitze und Trockenheit zu gefährlichen Waldbränden. Sie zerstören nicht nur den Wald, sondern auch die Ernten und bedrohen Häuser und Menschen. Bei anhaltender Dürre wird oft das Trinkwasser knapp. In den Trockenwüsten der Erde ist wenig Regen normal. Oft regnet es dort im Jahr weniger als 200 Milliliter – das entspricht gerade mal einer Tasse Wasser! In manchen Wüsten fällt jahrelang kein Regen.

In den trockenen heißen Sandwüsten der Erde regnet es nur selten.

Kaum zu glauben

Die niedrigste Temperatur, die je in Deutschland offiziell gemessen wurde, waren −37,8 °C.

Kälte, Eis und Schnee

Im Winter sind in vielen Regionen der Erde Temperaturen unter dem Gefrierpunkt, also unter 0 Grad Celsius, normal. Die Natur hält in dieser Zeit Winterschlaf und ruht sich aus. In Deutschland ist meist der Januar der kälteste Monat des Jahres. In der Antarktis ist es dagegen das ganze Jahr sehr kalt. Die Temperatur liegt dort im

Durchschnitt bei −55 Grad Celsius. Der kälteste Ort der Welt liegt ebenfalls in der Antarktis: Wostok. Dort wurden am 21. Juli 1983 −89,2 Grad Celsius gemessen.

Lieber Tom,
viele Grüße aus unserem Winterurlaub in Bayern! Es ist total kalt hier: −12 Grad Celsius. Und seit gestern schneit es die ganze Zeit. Heute mussten Papa und ich unser Auto richtig ausgraben. Es war gar nicht mehr zu sehen! Aber man kann dafür auch ganz toll Ski fahren! Bis bald,
Alex

Du entscheidest selbst:
• Warum sieht Schnee weiß aus?
  ➡ Seite 26/27
• Wie heiß war es im Rekordsommer 2003?
  ➡ Seite 60/61

Im Winter 2001 lag in Sibirien meterhoch Schnee und die Temperaturen fielen auf bis zu −50 °C.

Lies mal weiter!
Seite 14, 26, 38

Wetterforschung und Wettervorhersage

Zu allen Zeiten haben die Menschen versucht, das Wetter zu erklären und vorherzusagen. Einige Völker glaubten früher, dass die Götter für das Wetter verantwortlich seien. Später versuchten kluge Köpfe, das Wetter naturwissenschaftlich zu erklären. Heute helfen moderne Wettersatelliten dabei, den Wetterbericht zu erstellen und möglichst genaue Vorhersagen zu machen.

Frühe Wetterforscher

Knack den Code!

8. Was erfand der Italiener Evangelista Torricelli?
(2. Buchstabe)

Schon vor 5000 Jahren schrieben Babylonier und Ägypter ihre Wetterbeobachtungen auf. Kein Wunder, denn die Menschen waren seit jeher vom Wetter abhängig. Bevor man das Wetter aber wissenschaftlich erklären konnte, hielten die Menschen es für das Werk von Göttern. Die Griechen glaubten gleich an mehrere Wettergötter: Boreas war zum Beispiel für rauhe Nordwinde verantwortlich, Notos dagegen für die stürmischen Südwinde.

Mächtige Wettergötter

Vor allem das Gewitter musste göttlichen Ursprungs sein. Die Germanen glaubten, dass der Wettergott Thor mit seinem Hammer Blitz und Donner erzeugte. Einige Indianerstämme dachten, dass ein riesiger Vogel mit seinen Flügelschlägen den Donner hervorrief.

Wettergötter
- Boreas: griechischer Gott des Nordwindes
- Notos: griechischer Gott des Südwindes
- Thor (Donar): germanischer Wettergott
- Lei Kung: chinesischer Donnergott
- Tlaloc: aztekischer Regengott

Die alten Ägypter beteten zum Sonnengott Ra.

Wichtige Schritte der frühen Wetterforschung

- um 1593 erstes einfaches Thermometer
- 1644 erstes Barometer
- 1657 erstes Hygrometer (Feuchtigkeitsmesser)
- 1686 erste Wetterkarte
- 1714 erstes Thermometer mit Gradskala
- 1742 Einführung der Celsius-Temperaturskala
- 1752 Blitz wird als elektrische Ladung erkannt
- 1805 Beaufort-Skala zur Bestimmung der Windstärke
- 1820 erste Wetterkarte
- 1835 der Coriolis-Effekt wird entdeckt

Im „Turm der Winde" in Athen erforschte man seit dem 1. Jh. n. Chr. Wind und Sonnenstand.

Mit einem Thermometer misst man die Temperatur.

Am Barometer kann man den aktuellen Luftdruck ablesen.

Wie viel Feuchtigkeit in der Luft ist, zeigt das Hygrometer.

„Erfinder" der Meteorologie

Im 4. Jahrhundert v. Chr. versuchte der Philosoph Aristoteles in seinem Buch „Meteorologica" eine wissenschaftliche Erklärung des Wetters. Eine seiner Theorien war, dass der Wind und das Wasser einer Quelle entspringen. Instrumente zur Messung des Wetters gab es damals noch nicht.

Große Wetterforscher

Im 16. Jahrhundert entwickelte Galileo Galilei das erste Thermometer zur Messung der Temperatur. Unsere Temperaturskala in Grad Celsius wurde erst 1742 von dem Schweden Anders Celsius aufgestellt. 1644 erfand der Italiener Evangelista Torricelli das Barometer, mit dem man den Luftdruck messen kann. Später folgten das Hygrometer zur Messung der Luftfeuchtigkeit und das Anemometer, mit dem man die Windgeschwindigkeit misst. 1780 wurde in Mannheim die „Pfälzische Meteorologische Gesellschaft" gegründet. Sie errichtete die ersten weltweiten Wetterstationen. Das Wetterstationsnetz umfasste 39 Stationen.

Lies mal weiter!
Seite 32, 50, 54

Die Wetterstation

Um zuverlässige Wettervorhersagen machen zu können, müssen die Meteorologen, wie man die Wetterforscher nennt, ständig Daten zum Wetter sammeln. Wetterstationen auf der Erde sind dafür unentbehrlich. Tausende solcher Wetterstationen sind weltweit aufgestellt und erfassen mit verschiedenen Messgeräten wie Thermometer, Barometer und Hygrometer das aktuelle Wetter. Es gibt analoge und digitale elektrische Wetterstationen. Analoge Wetterhütten sind kleine Kästen aus Holz. Im Inneren befinden sich mehrere Messinstrumente, außerhalb ein Regenmesser und ein Windmast mit Anemometer.

Digitale Wetterstationen

Bei analogen Wetterhütten müssen die Daten noch direkt abgelesen werden. Das ist bei modernen, digitalen Geräten nicht mehr nötig. Sie bestehen meist aus einer automatisch arbeitenden Basisstation mit vielen Sensoren. Die Sensoren messen die Wetterdaten und leiten sie an die Basisstation weiter. Von dort werden sie in Deutschland zur Zentrale des Deutschen Wetterdienstes in Offenbach übermittelt.

Eine Wetterstation mit den wichtigsten meteorologischen Messgeräten.

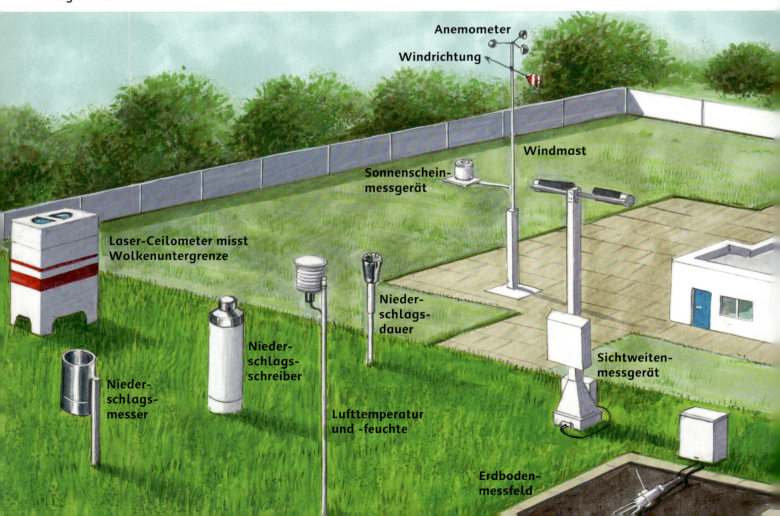

Anemometer

Windrichtung

Windmast

Sonnenschein-messgerät

Laser-Ceilometer misst Wolkenuntergrenze

Niederschlags-dauer

Niederschlags-schreiber

Sichtweiten-messgerät

Niederschlags-messer

Lufttemperatur und -feuchte

Erdboden-messfeld

Bastele dir einen Feuchtigkeitsmesser

Du brauchst: 1 Kiefern-, Tannen- oder Fichtenzapfen

1. Lege den Zapfen auf das Fensterbrett oder an einen vor Regen geschützten Platz im Garten.

2. Nun warte ab: Bei trockener Luft öffnen sich die Schuppen des Zapfens (1). Bei feuchter Witterung schließen sie sich wieder (2).

(1)   (2)

Tag und Nacht übermitteln automatische Wetterstationen ihre Daten an eine riesige Datenbank.

Wetter-radar

Beobachtungs-büro

Meteorologische Messgeräte

Das bekannteste Messgerät ist das Thermometer. Es gibt verschiedene Arten, die mit Flüssigkeiten oder elektrisch arbeiten und die aktuelle Temperatur anzeigen. Ein Hygrometer ermittelt die aktuelle Luftfeuchtigkeit. Mit dem Barometer stellt man den Luftdruck fest. Auch das geht heute elektrisch. Das Anemometer gibt Aufschluss über die Windverhältnisse. Es dreht sich umso schneller, je stärker der Wind bläst. Mit einem Regenmesser kann man anhand eines Messzylinders die gefallene Niederschlagsmenge bestimmen.

Kaum zu glauben

Der Deutsche Wetterdienst (DWD) misst an rund 2000 Stationen die Niederschläge in Deutschland!

Lies mal weiter!
Seite 26, 28, 52

Wettersatelliten & Co.

Wettersatelliten

Der Wettersatellit MetOp-A liefert viele wichtige Daten für Meteorologen, Klimaforscher und Umweltwissenschaftler. MetOp fliegt in nur 820 Kilometern Höhe um die Erde und sammelt dabei Daten zu Temperatur, Feuchtigkeit, Windgeschwindigkeit und Ozon.

Er soll zuverlässigere und längere Wettervorhersagen ermöglichen und die Beobachtung von Hurrikanen und die globale Klimaüberwachung verbessern.

Sogar vom Weltraum aus werden heute mit modernen Wettersatelliten Daten über das Wetter auf der Erde gesammelt.

Die modernen MetOp-Satelliten umkreisen die Erde 14-mal pro Tag.

Wettersatelliten

Die Satelliten umkreisen die Erde in großer Höhe und senden ihre Informationen regelmäßig und automatisch zur Erde. Sie machen Fotos von der Wolkendecke, nehmen Temperaturbilder des Meeres und der Wolkenoberfläche auf und messen die Feuchtigkeit und Windgeschwindigkeit in der Troposphäre. Diese Informationen ermöglichen zuverlässige und genaue Vorhersagen über mehrere Tage. Durch die Informationen der Wettersatelliten können auch Hurrikane und Orkane frühzeitig erkannt werden.

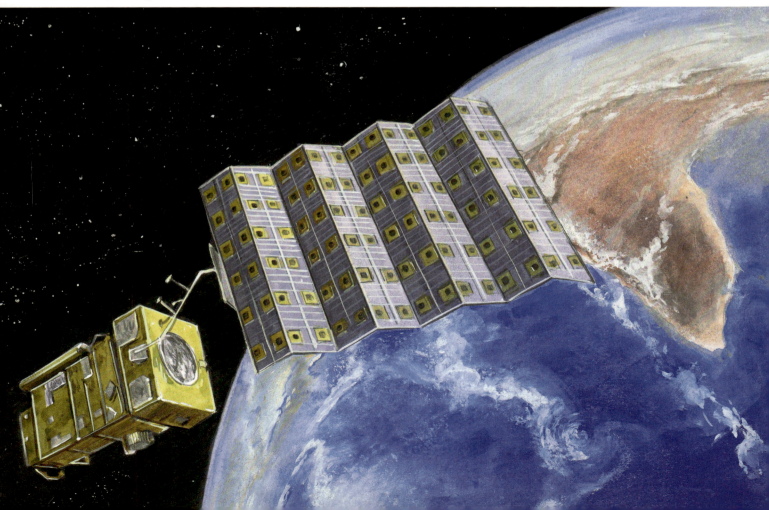

Wetterballons messen in der Atmosphäre Luftdruck, Feuchtigkeit und Temperatur.

Daten sammeln

Neben den Wettersatelliten sammeln die Meteorologen auch mit Wetterballons Wetterdaten in den höheren Schichten der Atmosphäre. Täglich steigen etwa 3000 Wetterballons von Bodenstationen oder Schiffen auf. An dem Ballon ist eine Sonde befestigt, die Luft-druck, Feuchtigkeit, Temperatur und Wind messen kann. Ein Funksender übermittelt die Daten zur Erde. Der Ballon dehnt sich immer mehr aus, je höher er steigt, da der Luftdruck geringer wird. In rund 30 Kilometer Höhe platzt der Ballon und die Sonde segelt mit einem kleinen Fallschirm zur Erde zurück. Die verschiedenen Wetterdaten werden von den Wetterdiensten gesammelt, ausgewertet und zu Wetterkarten verarbeitet.

Auf den Meeren stellen Wetterbojen das aktuelle Wetter fest.

Du entscheidest selbst:
- Wie entsteht ein Hoch-druckgebiet? ➡ Seite 18/19
- Können Frösche das Wetter vorhersagen? ➡ Seite 54/55

Lies mal weiter!
Seite 12, 36, 46

Der Wetterbericht

Der Wetterbericht entsteht ähnlich wie ein Puzzle: Die Daten der verschiedenen Wetterstationen und Messungen zu Land, zu Wasser oder in der Luft werden in einer riesigen Datenbank gesammelt. Große Computer verarbeiten diese Daten, berechnen das Wetter für die nächsten Stunden und Tage und erstellen komplizierte Wetterkarten. Auf dieser Grundlage fertigen die Meteorologen den Wetterbericht an, den wir Tag für Tag mit Spannung erwarten.

Die Wetterkarte

Eine Wetterkarte zeigt, wie das Wetter ist oder wie es wird. Auf einer solchen Karte gibt es verschiedene Symbole, die uns über Temperatur, Luftdruck, Windrichtung, Windgeschwindigkeit, Bewölkung, Sonne und Regen informieren. Außerdem zeigen die Karten die Bewegungen von Hochs, Tiefs und Wetterfronten an. Die Hochs sind mit einem H, die Tiefs mit einem T gekennzeichnet. Die Linien um diese Gebiete heißen Isobaren, sie geben den Luftdruck an.

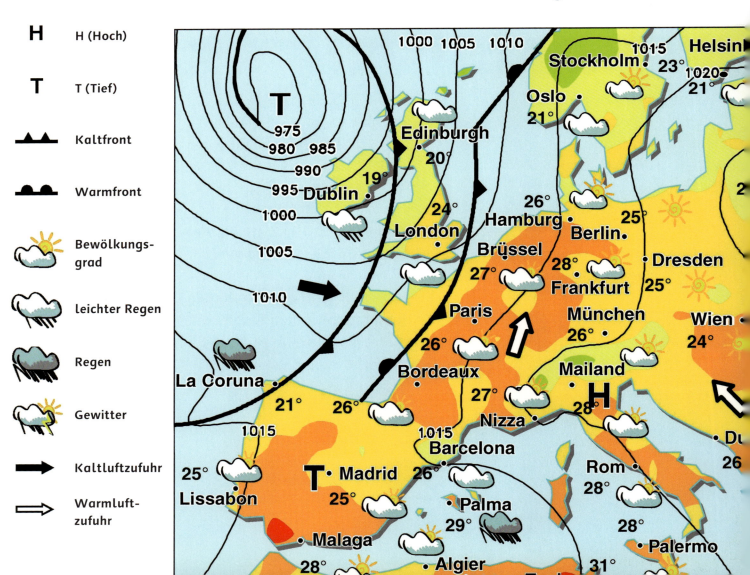

H — H (Hoch)

T — T (Tief)

Kaltfront

Warmfront

Bewölkungsgrad

leichter Regen

Regen

Gewitter

Kaltluftzufuhr

Warmluftzufuhr

Spezielle Computerprogramme werten die Wetterdaten aus. Dann beginnt die Arbeit des Meteorologen.

Wie wird das Wetter?

Interview mit Dr. Klimatis

Dr. Klimatis, wie zuverlässig sind die Wettervorhersagen heute eigentlich?

Mittlerweile sind sie recht zuverlässig. Wir können mit etwa 90 Prozent Sicherheit Vorhersagen für die nächsten 2 bis 3 Tage treffen.

Aber manchmal wird das Wetter dann doch anders. Wie kommt das?

Das liegt am Wetter selbst. Manchmal verändern sich die Vorgänge in der Atmosphäre sehr schnell und anders als der Computer es vorausberechnet hat. Und ganz selten kann es auch zu falschen Messwerten kommen, wenn etwa an einer Wetterstation ein Gerät kaputt ist. Ganz sicher kann man also nie sein.

Dann gibt es ja immer noch etwas Hoffnung, dass das Wetter besser wird als gedacht!

Wie wird das Wetter

Der Deutsche Wetterdienst (DWD) ist der nationale meteorologische Dienst in Deutschland. Er erstellt Wettervorhersagen für Fernsehen und Radio und für Schifffahrt und Landwirtschaft. Er warnt vor wetterbedingten Gefahren wie Orkanen und überwacht das Klima und seine Veränderungen in Deutschland. Seine Zentrale ist in Offenbach am Main. Von dort aus ist er mit allen Wetterdiensten der Welt verbunden. Dort befindet sich auch das Deutsche Meteorologische Rechenzentrum, das die Wettervorhersagen erstellt.

Du entscheidest selbst:

- *Was ist der Coriolis-Effekt?*
  ➡ Seite 16/17
- *Was macht man, wenn es blitzt?*
  ➡ Seite 30/31

Lies mal weiter!
Seite 10, 60, 66

Wetterboten in der Natur

Bienen summen bei der Nahrungssuche. Das gilt als Zeichen für schönes Wetter.

Schon seit jeher haben die Menschen die Natur beobachtet, um das Wetter vorherzusagen. So bemühten sich zum Beispiel die Mönche in den Klöstern, das Wetter und seine Gesetze zu verstehen. Auch die Bauern studierten tagein, tagaus die Veränderungen des Himmels und das Verhalten von Tieren und Pflanzen. Aus ihren Beobachtungen zogen sie Rückschlüsse auf das Wetter und die Folgen für ihre Arbeit.

Bauernregeln

Die Bauern sammelten ihre Erfahrungen über lange Zeit und leiteten daraus sogenannte „Bauernregeln" ab. Sie wurden oft in Reime gefasst. Viele dieser Regeln sind erhalten geblieben und uns heute noch geläufig. Manche Bauernregeln lassen sich wissenschaftlich erklären, andere entspringen eher dem Aberglauben.

Bauernregeln

- Morgenrot – Schlechtwetter droht; Abendrot – Gutwetterb(r)ot.
- Wirft der Maulwurf seine Hügel neu, währt der Winter bis zum Mai.
- Hüpfen Eichhörnlein und Finken, siehst du schon den Sommer winken.
- Ist der Mai kühl und nass, füllt's dem Bauern Scheun und Fass.
- Fliegen die Schwalben in den Höh'n, kommt ein Wetter, das ist schön.
- Regnet's am Siebenschläfertag, der Regen sieben Wochen nicht weichen mag.
- Frösche auf Stegen und Wegen deuten auf baldigen Regen.

Kaum zu glauben

Tau ist im Herbst fast immer ein Zeichen für gutes Wetter!

Lostage

Bauernregeln beziehen sich oft auf Lostage. So nennt man bestimmte Tage im Jahr, die Vorhersagen über das Wetter der folgenden Zeit ermöglichen. Solch ein Tag ist zum Beispiel der 2. Februar – Lichtmess: „Ist es an Lichtmess hell und rein, wird's ein langer Winter sein."

Früher glaubte man, dass das Wetter schön wird, wenn der Laubfrosch auf seiner Leiter nach oben klettert.

Schäfchenwolken
zeigen veränderliches
Wetter an.

Das Wetter beobachten

Wolken sind verlässliche Wetterboten. Denn Form, Aussehen und Höhe der Wolken verraten uns viel über die Entwicklung des Wetters in den nächsten Stunden. Wenige kleine Haufenwolken deuten meist auf schönes Wetter hin, während viele Schichtwolken schlechtes Wetter ankündigen und Schäfchenwolken veränderliches Wetter anzeigen.

Farben am Himmel

Viele glauben, dass Abendrot schönes Wetter ankündigt, während Morgenrot dagegen schlechtes Wetter verheißt. Oft stimmt diese Regel sogar.

Du entscheidest selbst:
• Welche Wolkenarten
  gibt es?
  ➡ Seite 24/25
• Wie entsteht Tau?
  ➡ Seite 28/29

Abendrot gilt
als Zeichen für
schönes Wetter.

Lies mal weiter!
Seite 10, 24, 28

Das Klima der Erde

Auf der Erde lassen sich fünf große Klimazonen unterscheiden. Das Klima auf der Erde verändert sich mit der Zeit. Schon immer gab es Klimaschwankungen. Heutzutage tragen auch wir Menschen zur Klimaveränderung bei: Wir produzieren mehr Kohlendioxid, das in die Atmosphäre steigt, das schadet der Erde. Aber jeder kann etwas für den Klimaschutz tun!

Verschiedene Klimazonen

Wenn man das Wetter eines bestimmten Gebietes über mehrere Jahrzehnte beobachtet, stellt man immer wiederkehrende Wetterverhältnisse fest. Sie bestimmen das Klima dieser Region. Das Klima unterscheidet sich je nach Lage des Gebietes auf der Erdkugel.

Klimazonen der Erde

Rund um die Erde verlaufen große Gebiete, in denen das Klima recht einheitlich ist. Man unterscheidet folgende Klimazonen: die polaren Gebiete am Nord- und Südpol, die boreale Zone auf der Nordhalbkugel, die gemäßigten Breiten, die Subtropen und die Tropen.

Die Polargebiete

Rund um Nordpol und Südpol herrscht fast immer Dauerfrost. Die Temperaturen können im Winter unter −60 Grad Celsius fallen. Im Sommer erreichen sie nie mehr als 10 Grad Celsius. In diesen extremen Verhältnissen leben nur wenige Menschen, Pflanzen und Tiere.

Pinguine gehören zu den wenigen Tierarten, die in den südlichen Polargebieten leben.

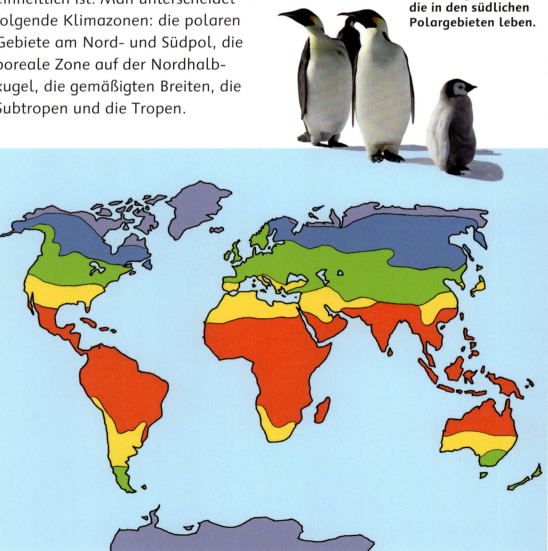

- ◼ Polare Zone
- ◼ Boreale Zone
- ◼ Gemäßigte Breiten
- ◼ Subtropen
- ◼ Tropen

Die boreale Klimazone

Diese Klimazone gibt es nur auf der Nordhalbkugel, da auf der Süd-halbkugel in diesen Breiten kaum Festland existiert. Die Temperaturen steigen nur kurze Zeit über zehn Grad Celsius, der Winter dauert sechs Monate. Hier herrschen Nadelwälder und Moore vor.

Die typische Vegetation der borealen Zone sind Nadelwälder.

Typisch für die gemäßigten Breiten sind Nadel-, Laub- und Mischwälder.

Die gemäßigten Breiten

Europa gehört zur gemäßigten Zone. Die Jahresmitteltemperaturen liegen zwischen 5 und 20 Grad Celsius. Im Winter wird es selten kälter als –10 Grad Celsius. Ganzjährige Nie-derschläge sorgen für ausreichend Wasser. Die Lebensbedingungen für Menschen, Tiere und Pflanzen sind ideal.

Tukane leben vor allem in tropischen Wäldern.

Die Subtropen

Die Subtropen liegen etwa zwischen 20 und 40 Grad nördlicher be-ziehungsweise südlicher Breite. Dort gibt es Savannen, Steppen und auch Wüsten. In Europa zählt der Mittelmeerraum zu den Subtropen.

In den Subtropen gibt es häufig Savannen.

Die Tropen

In den inneren Tropen um den Äquator ist es sehr heiß und feucht. Intensive Sonneneinstrahlung lässt das Wasser schnell verdunsten, es regnet viel. In den äußeren Tropen ist es trockener, es gibt Savannen und Wüsten.

Du entscheidest selbst:
• Warum ist die Sonne der Wettermotor?
➡ Seite 14/15
• Was sind Eiszeitalter?
➡ Seite 62/63

Lies mal weiter!
Seite 11, 36, 64

Das Klima in Europa

In Europa herrscht hauptsächlich ein gemäßigtes Klima mit kühlen Wintern und warmen Sommern. In den weit vom Meer entfernten Gebieten sind die Temperaturunterschiede im Allgemeinen größer. Innerhalb Europas kennt man das mediterrane Klima, das maritime Klima und das Kontinentalklima.

Das mediterrane Klima

Typisch für das mediterrane Klima sind heiße, trockene Sommer. Die Winter sind mild, meist gibt es keinen Frost, aber es regnet viel.

Maritimes Klima

Das maritime Klima ist vom Meer beeinflusst. Es ist durch gemäßigte Temperaturen und geringe Temperaturschwankungen gekennzeichnet. Die Sommer sind mäßig warm, die Winter mild und regenreich. Typisch sind relativ starke Winde.

Kontinentalklima

Das Kontinentalklima ist von großen Temperaturschwankungen, kalten Wintern und warmen Sommern bestimmt. Niederschläge fallen das ganze Jahr über.

Im Mittelmeerraum müssen sich Pflanzen an sommerliche Hitze und Trockenheit anpassen.

In Wien sind die Winter oft kalt, die Sommer können ziemlich warm sein – typisch für das Kontinentalklima.

In Amsterdam herrscht maritimes Klima: Es ist ganzjährig relativ mild.

Einfluss des Golfstroms

Das Klima in Westeuropa wird stark vom Golfstrom beeinflusst. Mit dieser Meeresströmung gelangt warmes Wasser aus dem Golf von Mexiko an die europäischen Küsten.

Klima in Deutschland

Deutschland liegt im Übergangsbereich zwischen maritimem Klima in Westeuropa und Kontinentalklima in Osteuropa. Je nach Region gibt es deutliche Klimaunterschiede: Im Süden von Deutschland sind die Winter kalt, dafür bringt der Föhn oft warmes Wetter, im Norden sind die Winter milder und es regnet häufiger. Im Westen ist das Klima besonders mild, während im Osten im Winter oft ein kalter Ostwind bläst.

Rekordhitze in Europa!

Der Sommer 2003 in Europa war ein „Jahrhundertsommer": Seit 500 Jahren war es nicht mehr so heiß! An 68 Tagen war es mindestens 25 °C warm und an 23 Tagen sogar mindestens 30 °C. In Deutschland wurden die höchsten Temperaturen in Karlsruhe und Freiburg gemessen: Am 9. und 13. August schwitzten die Menschen dort bei über 40 °C! Meteorologen führen den Rekordsommer auf ein ausgedehntes, stabiles Hoch über Deutschland zurück. Es ist wahrscheinlich, dass wir solche Sommer in Zukunft öfter erleben werden.

Selten extremes Klima

Extreme Wetterbedingungen wie Dürre, Hitze oder Tornados sind in Deutschland selten. Manchmal treten Orkane auf. Häufiger sind Hochwasser oder Überschwemmungen, besonders nach Gewittern.

Lies mal weiter!
Seite 17, 22, 41

Eiszeiten und Warmzeiten

Die Eiszeiten in Süddeutschland (Beginn)
- Günzeiszeit: vor ca. 780 000 Jahren
- Mindeleiszeit: vor ca. 300 000 Jahren
- Rißeiszeit: vor ca. 195 000 Jahren
- Würmeiszeit: vor ca. 70 000 Jahren

Das Klima der Erde war nie stabil. Immer wieder gab es sogenannte Eiszeitalter, in denen die Pole und große Teile des Festlands mit Eis bedeckt waren. Innerhalb eines Eiszeitalters wechselten sich Kalt- oder Eiszeiten und Warm- oder Zwischeneiszeiten ab. In der Erdgeschichte gab es vier große Eiszeitalter. Vor rund zwei bis drei Millionen Jahren begann das vierte, noch heute andauernde, das Quartär. In diesem befinden wir uns in einer wärmeren Zwischeneiszeit.

Kleine und große Kaltzeiten

Die letzte Kaltzeit endete vor etwa 10 000 Jahren. Damals gab es in Skandinavien Gletscher, große Teile von Nordeuropa und Nordamerika waren von Eis bedeckt. In Mitteleuropa waren die Winter lang und sehr kalt. Auch in Zukunft wird es solche Kaltzeiten geben; Forscher erwarten die nächste in frühestens 5000 Jahren. Kleinere Kälteperioden gab es häufiger, so erlebte Europa zwischen 1450 und 1850 die sogenannte „Kleine Eiszeit".

In der letzten Eiszeit lebten in Europa Mammuts.

Ein Gletscher ist eine riesige, feste Eismasse in Hochgebirgen und Polargebieten.

Spuren der Eiszeiten

Woher wissen wir, wie sich das Klima verändert hat? Darüber geben uns abgelagerte Gesteinsschichten und darin enthaltene Fossilien, das sind Tier- und Pflanzenreste vergangener Zeiten, Aufschluss. Aber auch Bohrungen im Polareis helfen dabei. Dort werden Eisbohrkerne entnommen, die Luftbläschen, Pollen oder Staub enthalten. Sie liefern uns Informationen über das damalige Klima.

An den Jahresringen eines Baumstamms kann man das Klima früherer Zeiten ablesen.

Fossilien sind Reste oder Abdrücke früherer Pflanzen oder Tiere.

Du entscheidest selbst:
- Wo liegt der *kälteste* Ort der Welt?
  ➡ Seite 42/43
- Was können wir für den Klimaschutz tun?
  ➡ Seite 68/69

Lies mal weiter!
Seite 11, 26, 66

Klimawandel heute

Je mehr Treibhausgase wir produzieren, desto wärmer wird es auf der Erde.

Durch das Ozonloch gelangen mehr schädliche UV-Strahlen auf die Erde.

Klimaforscher haben festgestellt, dass in den letzten 150 Jahren der Anteil des Kohlendioxids in der Luft um ein Drittel gestiegen ist. Dafür sind wir Menschen verantwortlich: Denn Kohlendioxid entsteht, wenn Holz, Kohle, Erdöl und Erdgas verbrannt werden, also beim Roden von Wäldern, in Industrieanlagen, durch Autos, Flugzeuge und in jedem Haushalt.

Natürlicher Treibhauseffekt

Eigentlich ist Kohlendioxid ein natürlicher Bestandteil der Atmosphäre, der für den „natürlichen Treibhauseffekt" wichtig ist. Es verhindert, dass die Sonnenwärme komplett wieder ins Weltall abgestrahlt wird.

Zu viel Kohlendioxid verstärkt aber den natürlichen Treibhauseffekt. Dadurch erwärmt sich die Erde immer mehr. Auch die Ozonschicht oberhalb der Troposphäre wurde geschädigt. Es bildete sich ein Ozonloch, durch das mehr für den Menschen schädliche UV-Strahlen auf die Erde gelangen.

Die Folgen der Erderwärmung: Gletscher und Polareis schmelzen, der Meeresspiegel steigt.

Autoabgase tragen erheblich zum Klimawandel bei.

Die Temperaturen steigen weiter

Die Temperaturen auf der Erde werden bis zum Jahr 2100 vermutlich doppelt so schnell steigen wie im vergangenen Jahrhundert: Es könnte bis zu 4 °C wärmer werden. Bereits in den vergangenen 100 Jahren stieg die Temperatur um rund 1 °C an. Elf der zwölf wärmsten Jahre seit Beginn der Temperaturaufzeichnungen (1850) lagen zwischen den Jahren 1995 und 2006. Verursacher dieser Erwärmung sind wir Menschen. Zu diesem Ergebnis kommt der neue Klimabericht der Vereinten Nationen (UN). Seit 1988 untersuchen ungefähr 2500 Forscher aus 124 Ländern im Auftrag der UN und der Weltorganisation für Meteorologie den Klimawandel und seine Folgen.

Lebenswichtige Wälder

Eine weitere Ursache für die Erderwärmung ist das großflächige Abholzen von Wäldern durch die Menschen. Bäume und andere Pflanzen brauchen zum Wachsen Kohlendioxid, das sie aus der Luft holen. Wenn große Wälder zerstört werden, wird auch weniger Kohlendioxid durch Pflanzen aus der Luft gefiltert. Zusätzlich entsteht durch das Abbrennen der Wälder weiteres Kohlendioxid. Dies verstärkt wiederum den Treibhauseffekt.

Der Regenwald

Besonders dramatisch ist das Abholzen des Regenwaldes, der als „grüne Lunge" der Erde gilt. Der Regenwald ist ein unentbehrlicher Wasserspeicher und Lebensraum für viele Tiere und Pflanzen. Die Folgen sind dramatisch: Immer mehr Pflanzen- und Tierarten sterben aus.

Über die Hälfte des Regenwaldes wurde bereits vernichtet.

Du entscheidest selbst:
- Wie ist unsere Atmosphäre aufgebaut?
  ➡ Seite 12/13
- Was ist El Niño?
  ➡ Seite 38/39

Lies mal weiter!
Seite 12, 58, 68

Das Klima der Zukunft

Knack den Code!

11. Wodurch werden sich Schädlinge und Insekten weiter ausbreiten?

(3. Buchstabe)

Dass sich das Klima auf unserer Erde verändert, ist inzwischen unbestritten. Aber was genau wird passieren? Diese Frage beschäftigt Klimaforscher in aller Welt.

Auswirkungen des Klimawandels

Wahrscheinlich ist, dass sich durch die Erderwärmung die Klimazonen verschieben werden. Das Eis der Gletscher und an den Polen wird weiter schmelzen, es kommt verstärkt zu Überschwemmungen. Der steigende Meeresspiegel bedroht bereits heute Länder wie Bangladesch oder die Niederlande, aber auch Norddeutschland. Durch die Erwärmung der Meere werden Stürme möglicherweise an Stärke zunehmen. Manche Meeresströmungen werden schwächer, andere gewinnen neue Kraft. Es wird vielerorts auch etwas mehr Regen geben, da die wärmere Luft mehr Feuchtigkeit aufnehmen und transportieren kann. In anderen Gegenden wie Südspanien oder Australien wird es dagegen immer weniger regnen.

Wenn die Temperatur steigt und es weniger regnet, können Flüsse und Seen austrocknen.

Folgen für den Menschen

Die Trockenheit wird für viele Menschen Hungersnöte zur Folge haben. Gleichzeitig verwüsten anderswo Stürme und Überschwemmungen Land und Städte. Solche Naturkatastrophen werden vor allem die Menschen in den sogenannten Entwicklungsländern treffen.

Tiere und Pflanzen

Der Lebensraum vieler Tier- und Pflanzenarten wird sich durch die Erderwärmung nach Norden verschieben. Pflanzen und Tiere aus dem Mittelmeerraum könnten in Mitteleuropa überleben. Andere Arten werden sich an die neuen Bedingungen anpassen oder aussterben.

Klimaforschung

Interview mit Dr. Klimatis

Dr. Klimatis, warum sind sich die Forscher nicht sicher, wie sich das Klima verändern wird?

Weil viele der Klimadaten, mit denen sie arbeiten, aus der Vergangenheit stammen.

Was heißt das genau?

Sie untersuchen Eisbohrkerne, Gesteinsproben, Baumringe oder Satellitenbilder zum Beispiel. Daraus die Zukunft vorherzusagen, ist nicht so einfach.

Wird denn der Klimawandel alle gleich treffen?

Sicherlich gibt es Gewinner und Verlierer. Betreffen wird der Klimawandel alle Länder, besonders hart aber die Entwicklungsländer.

Vielen Dank für das Gespräch.

Durch die Erderwärmung werden sich Insekten und Schädlinge weiter ausbreiten.

Der Eisbär gehört zu den Tierarten, die durch den Klimawandel besonders bedroht sind.

Der Meeresspiegel wird bis zum Jahr 2100 um voraussichtlich 86 Zentimeter ansteigen.

Lies mal weiter!
Seite 50, 58, 63

Klimaschutz

Ältere Industrieanlagen stoßen viel Kohlendioxid aus.

Windenergie erzeugt umweltfreundlichen Strom.

Dass es auf der Erde wärmer wird, lässt sich nicht mehr verhindern. Wenn der Ausstoß von Treibhausgasen reduziert wird, können wir aber noch beeinflussen, wie schnell sich das Klima verändert und wie viel wärmer es wird. Vor allem die Industrieländer müssen dazu beitragen. 1997 beschlossen im japanischen Kyoto viele Länder gemeinsame Klimaschutzziele und -maßnahmen. 2008 einigten sich mehrere Länder darauf, bis 2020 den Ausstoß von Treibhausgasen um 20 Prozent senken zu wollen.

Energie sparen

Um Treibhausgase zu reduzieren, müssen wir Energie sparen. Zum Heizen und zur Stromerzeugung verbrennen wir Gas, Kohle, Öl und Holz. Dabei entsteht Kohlendioxid. Wir können Strom und Wärme heute aber auch umweltfreundlich durch Wind- oder Sonnenenergie herstellen. Da die so produzierte Energiemenge aber noch nicht ausreicht, müssen wir auch Strom sparen. Außerdem müssen wir die Wälder und Meere schützen. Denn Pflanzen und Plankton filtern das Kohlendioxid aus Luft und Wasser und produzieren Sauerstoff.

Das Aufforsten von Wäldern ist wichtig für den Klimaschutz.

Maßnahmen für den Klimaschutz

► Schutz bestehender und Aufforsten neuer Wälder
► Schutz der Meere
► Förderung der ökologischen Landwirtschaft
► Ausbau erneuerbarer Energieformen (z. B. Windenergie)
► Entwicklung umweltfreundlicher Geräte (z. B. Kühlschränke)
► Verringerung der Treibhausgase durch weniger Verkehr
► Strengere Abgasnormen für Autos

Klimaschutz in Deutschland

Deutschland hat sich verpflichtet, seine Treibhausgase von 2008 bis 2012 um 21 Prozent gegenüber dem Stand von 1990 zu senken. Dieses Ziel ist schon fast erreicht. Das war vor allem dadurch möglich, dass Industrieanlagen mit großem Schadstoffausstoß geschlossen wurden. Aber auch der Ausbau von Windkraft- und Solarstromanlagen, also erneuerbarer Energie, hat wesentlich dazu beigetragen.

Du entscheidest selbst:
• Was ist der natürliche Treibhauseffekt?
➡ Seite 12/13
• Wie ist das Klima in Europa?
➡ Seite 60/61

Moderne Solaranlagen nutzen die Sonnenenergie, um Strom und Wärme zu gewinnen.

Lies mal weiter!
Seite 22, 65, 67

Was kann ich tun?

Jeder Einzelne kann etwas für den Schutz unseres Klimas tun. Das ist gar nicht so schwer.

Energiespar-Tipps

Man sollte zum Beispiel darauf achten, nicht unnötig das Licht brennen zu lassen, Energiesparlampen zu verwenden, im Winter richtig zu heizen und zu lüften und Elektrogeräte immer richtig auszuschalten. Wer überwiegend einheimische Lebensmittel kauft, vermeidet lange Transportwege. Auch weniger Fleisch zu essen hilft, denn etwa ein Fünftel der Treibhausgase produzieren Rinder, Schweine und Schafe. Außerdem sollte man seinen Müll trennen und Mehrwegflaschen kaufen, die immer wieder verwendet werden können.

Das kannst du tun
1) Wasser sparen
2) Elektrogeräte richtig ausschalten
3) Energiesparlampen verwenden
4) Energiesparende Geräte kaufen
5) Regionale und ökologisch angebaute Lebensmittel kaufen
6) Müll trennen und vermeiden
7) Mehrwegflaschen kaufen
8) Weniger Fleisch essen
9) Im geschlossenen Topf kochen
10) Sparsam heizen und richtig lüften („Stoßlüften")

Ohne großen Aufwand lassen sich im Alltag Strom und Energie sparen.

Wer öfter aufs Fahrrad statt ins Auto steigt, tut der Umwelt etwas Gutes.

Besser zu Fuß

Einen wichtigen Beitrag zum Klimaschutz leistet, wer im Alltag öfter das Fahrrad nimmt oder zu Fuß geht, statt sich ins Auto zu setzen. Wenn man sein Auto benutzt, sollte man darauf achten, dass zum Beispiel durch Fahrgemeinschaften jeder Platz besetzt ist. Vor allem Flugzeuge stoßen große Mengen an Schadstoffen aus. Daher ist es besser, möglichst selten zu fliegen und dafür lieber mit der Bahn in den Urlaub zu fahren.

Du entscheidest selbst:
• Wer erstellt in Deutschland Wettervorhersagen?
➡ Seite 52/53
• Wie viele Klimazonen gibt es auf der Erde?
➡ Seite 58/59

Liebe Thea,
neulich haben wir in der Schule über den Klimawandel gesprochen. Jetzt weiß ich, wie wir etwas für den Klimaschutz tun können. Mama, Papa und Timo machen auch mit: Wir haben nur noch Energiesparlampen, kaufen im Bio-Laden ein und trennen den Müll. Und Papa fährt mit dem Rad zur Arbeit! Super, oder?
Liebe Grüße, Luise

Thea Schneider
Talstraße 13
99084 Erfurt

Lies mal weiter!
Seite 11, 64, 69

Leserätsel: Trage die Lösungsbuchstaben der Fragen von 1 bis 11 in die Kästchen auf der Schatzkarte ein.

START

Trage hier das richtige Lösungswort ein!
Die Zahlen unter den Kästchen zeigen an, von welcher
Frage der Buchstabe stammt.

1	2	4	7	5	3	8	6	11	9	10

▶ Auflösung
siehe Seite 80

4

7

11

6

9

10

ZIEL

Wetterrekorde

Wetterrekorde

 Meister Regen: Auf dem Mount Waialeale auf Hawaii regnet es im Jahr durchschnittlich 11 684 mm.

Wenigster Regen: In der Oase Dachla in Ägypten regnet es nur 0,7 mm im Jahresdurchschnitt.

Höchste Temperatur: Die höchste Temperatur wurde im August 1923 in El Asisija (Libyen) gemessen: 57,3 °C.

Niedrigste Temperatur: Die tiefste Temperatur wurde am 21.07.1983 in Wostok (Antarktis) gemessen: −89,2 °C

Größter Schneefall: Zwischen dem 14. und 15.04.1921 fielen in Silver Lake in Colorado (USA) 193 cm Schnee.

Größtes Hagelkorn: Das größte Hagelkorn fiel am 03.09.1970 bei Coffeyville, Kansas (USA). Es wog 750 g und hatte einen Durchmesser von 44 cm.

Längster fortlaufender Weg eines Tornados: Am 26.05.1917 fegte ein Tornado durch die US-Bundesstaaten Illinois und Indiana und legte dabei eine Strecke von 469 km zurück.

Größte Wasserhose: Am 16.05.1898 tobte vor der Küste von Neu-südwales (Australien) eine 1528 m hohe und 3 m breite Wasserhose.

Längste Sonnenschein-dauer: In Yuma, Arizona (USA) scheint die Sonne im Jahresdurchschnitt 4015,3 Stunden.

Häufigste Gewitter: In Bongor auf der Insel Java (Indonesien) kann man an 322 Tagen im Jahr Gewitterdonner hören.

Stärkste Windböe: Am 12.04.1934 fegte über den Mount Washington, New Hampshire (USA) eine Windböe mit 416 km/h hinweg.

Tiefster Luftdruck: 870 hPa wurden am 12.10.1979 im Taifun „Tip" 482 km westlich von der Insel Guam im Pazifik gemessen.

Höchster Luftdruck: Am 31.12.1968 wurden in Agata (Nordwest-sibirien) 1083,8 hPa gemessen.

Internetadressen

Suchmaschinen
http://www.milkmoon.de/
http://www.blinde-kuh.de/
http://www.trampeltier.de/
http://www.helles-koepfchen.de/
http://www.kindercampus.de/clikks/

Wetter und Wettervorhersage
http://www.dwd.de/schule
http://www.br-online.de/kinder/fragen-
   verstehen/wissen/2008/02086/
http://www.kindernetz.de/infonetz/
   thema/klima
http://www.physikfuerkids.de/lab1/wetter
http://www.bauernregeln.net/
http://www.astronomie.de/sonnensystem/
   erde/atme.htm

Besuch im Wetterpark
http://www.wetterpark-offenbach.de

Wetterphänomene
http://www.wetterchaos.de
http://www.fsg-marbach.lb.bw.schule.de/
   projekte/sofi99/10/10text.htm
http://www.wolkenatlas.de/wbilder.htm
http://www.wdr.de/tv/quarks/
   sendungsbeitraege/2008/0902/
   004_sturm.jsp

Klimawandel und Klimaschutz
http://www.br-online.de/kinder/fragen-
   verstehen/klaro/lupe/2003/00406
http://www.greenpeace4kids.de/themen/
   klima_energie/
http://www.wdr.de/wissen/junges_
   wissen/themen/natur_umwelt/klima/
   index.php5
http://www.kinder.niedersachsen.de/
   index.php?id=597
http://www.nabu.de/themen/klimaschutz/
   klima-special/06740.html
http://www.bund.net/bundnet/service/
   oekotipps/

Kinder-Website der Bundesregierung
http://www.regierenkapieren.de/Webs/
   KW/DE/Homepage/home.html
(Wenn man in der Rubrik „Fragen" den
Button „Klimawandel" anklickt, erhält
man Antwort auf die Frage „Was tut
die Bundesregierung gegen den Klimawandel?")

Nationale Wetterdienste in Deutsch-land, Österreich und der Schweiz
Deutscher Wetterdienst
http://www.dwd.de

Zentralanstalt für Meteorologie und
Geodynamik (ZAMG), Wien
http://www.zamg.ac.at

MeteoSchweiz
http://www.meteoschweiz.admin.ch/
   web/de/wetter.html

Die Inhalte aller Internetadressen in
diesem Buch wurden mit größtmöglicher
Sorgfalt ausgesucht. Die Inhalte der Seiten
können aber jederzeit von den Anbietern
geändert werden. Daher übernehmen wir
trotz sorgfältiger Prüfung keine Haftung für
die Richtigkeit, Vollständigkeit und Aktua-
lität dieser Webseiten.

Worterklärungen

Atmosphäre Hülle aus Gas, die einen Planeten oder Stern umgibt. Die Erdatmosphäre ist die Lufthülle der Erde, die hauptsächlich aus Stickstoff und Sauerstoff besteht. Sie wird in verschiedene Schichten eingeteilt: Troposphäre, Stratosphäre, Mesosphäre, Thermosphäre, Exosphäre.

Barometer Gerät zur Messung des Luftdrucks

Bauernregeln Volksweisheiten, meist in Reimform, die Aussagen über das zukünftige Wettergeschehen machen. Sie basieren oft auf langjährigen Wetter- und Naturbeobachtungen und waren ursprünglich als Hinweise für das Verhalten im Alltag und bei der Arbeit gedacht. Nur sehr begrenzt zuverlässig.

Blitz Natürliche, sehr helle Funkenentladung am Himmel bei einem Gewitter. Findet zwischen zwei unterschiedlich geladenen Wolken oder zwischen Wolke und Erdoberfläche statt. Meist zusammen mit Donner.

Coriolis-Kraft Eine Kraft, die jedes bewegte Luftteilchen auf der Nordhalbkugel nach rechts und auf der Südhalbkugel nach links ablenkt. Sie entsteht durch die Rotation der Erde.

Eiszeit Kalter Abschnitt der Erdgeschichte, in der die Temperatur um bis zu 8 °C sank. Große Gebiete der Erde waren dadurch mit Eis bedeckt. Wechseln Eis- und Warmzeiten in einem bestimmten Zeitabschnitt mehrmals ab, nennt man diese Zeit Eiszeitalter.

El Niño Erwärmung des Wassers im östlichen tropischen Pazifik vor den Küsten von Peru und Ecuador. Tritt um Weihnachten herum alle 3 bis 7 Jahre in verstärkter Form auf. Unter anderem gibt es dadurch in den Tropen in trockenen Gebieten Überschwemmungen und in sonst feuchten Gebieten Dürren.

Front Grenze zwischen zwei Luftmassen mit unterschiedlicher Temperatur und Feuchte. Fronten führen stets zu einer Wetterveränderung.

Gewitter Wettererscheinung mit Blitz und Donner, je nach Stärke auch zusammen mit starkem Regen, Hagel, Graupel und heftigem Wind. Typisch sind hohe dunkle Gewitterwolken.

Halo Optische Erscheinung, die durch Lichtbrechung und -spiegelung an Eiskristallen in der Atmosphäre entsteht. Meist sind Sonne oder Mond von einem ringförmigen Lichtkreis umgeben.

Hochdruckgebiet (Hoch) Gebiet mit relativ hohem Luftdruck. Das Wetter ist im Sommer meist ruhig und sonnig, im Winter bilden sich oft durchgehende graue Bewölkung und Hochnebel.

Hurrikan Tropischer Wirbelsturm im Bereich des Karibischen Meers, der Westindischen Inseln und des Golfs von Mexiko

Hygrometer Gerät zur Messung der Luftfeuchtigkeit

Jahreszeiten Vier Abschnitte des Jahres: Frühling, Sommer, Herbst, Winter. Sie entstehen, weil sich die Erde im Laufes eines Jahres einmal um die Sonne dreht und sich dabei durch die Neigung der Erdachse die Sonneneinstrahlung auf die Erde verändert.

Kaltfront Luftmassengrenze auf die normalerweise eine Abkühlung folgt

Klima Wettererscheinungen in der Atmosphäre an einem bestimmten Ort oder einem Gebiet über einen Zeitraum von mindestens 30 Jahren.

Klimazonen Große Gebiete der Erde, in denen das Klima gleich oder ähnlich ist. Die einfachste Einteilung richtet sich nach der Sonneneinstrahlung. Sie unterscheidet Tropen, Subtropen, gemäßigte Breiten, boreale Zone und Polargebiete.

Lostage Tage, die nach dem Volksglauben wichtig für die Wetterentwicklung und das Verrichten bestimmter Arbeiten sind. Wurden oft in Bauernregeln aufgegriffen.

Meteorologie Die Wissenschaft vom Wetter. Beschäftigt sich mit den Erscheinungen in der Atmosphäre und deren Wechselwirkungen mit der Erdoberfläche.

Monsun Große Luftströmung in den Tropen, die zweimal im Jahr ihre Richtung wechselt

Niederschlag Meteorologen sprechen von Niederschlag, wenn Wasser in flüssiger oder fester Form auf den Boden fällt – als Regen, Tau, Reif, Schnee, Hagel oder Graupel.

Ozonloch Abbau der Ozonschicht vor allem über den Polargebieten. Dies hat negative Folgen für Menschen und Umwelt, da die gefährliche UV-Strahlung nicht mehr vollständig von der Ozonschicht aufgenommen wird.

Ozonschicht Schicht in der Stratosphäre in einer Höhe von 20 bis 50 Kilometern, in der viele Ozonmoleküle vorkommen. Ozon ist eine Form des Sauerstoffs mit drei Atomen. Es absorbiert die schädlichen ultravioletten Strahlen der Sonne.

Polarlicht In den Polargebieten der nördlichen und südlichen Erdhalbkugel nachts sichtbares buntes Leuchten am Himmel. Findet in der Atmosphäre in einer Höhe von 70 bis 1000 Kilometern statt.

Regenbogen Optische Erscheinung, die durch Brechung und Reflexion der Sonnenstrahlen in den einzelnen Regentropfen entsteht. Das Sonnenlicht wird dabei in sein Farbspektrum zerlegt. Die Sonne muss hinter dem Beobachter stehen.

Thermometer Gerät zur Messung der Temperatur

Tiefdruckgebiet (Tief) Gebiet mit niedrigem Luftdruck, das meist Wolken und Niederschlag bringt

Tornado Trichterförmiger Luftwirbel mit einem Durchmesser von 50 bis 500 Metern. Sie treten vor allem in den USA auf. Die Intensität von Tornados wird mit der Fujita-Skala gemessen.

Treibhauseffekt Bestimmte Gase in der Atmosphäre (z. B. Kohlendioxid) lassen die Sonnenstrahlung zur Erde durch und verhindern, dass Wärmestrahlung wieder ins Weltall entweichen kann (natürlicher Treibhauseffekt). Dadurch erwärmt sich die Atmosphäre. Der Ausstoß von Treibhausgasen verstärkt diesen Effekt, die Erdatmosphäre heizt sich stärker auf.

Warmfront Luftmassengrenze auf die normalerweise wärmere Luft folgt.

Wasserkreislauf Der Weg des Wassers auf der Erde und in der Atmosphäre: Wasser verdunstet in die Atmosphäre, Wolken entstehen, Niederschlag fällt aus der Atmosphäre über Land und Wasser und fließt zurück ins Meer. Dann beginnt der Kreislauf von vorn.

Wetter Zustand der Atmosphäre zu einem bestimmten Zeitpunkt an einem bestimmten Ort oder in einem Gebiet, gekennzeichnet durch die meteorologischen Elemente (z. B. Lufttemperatur, Luftfeuchte, Luftdruck, Niederschlag usw.) und deren Zusammenwirken. Das Wetter spielt sich überwiegend in der Troposphäre ab.

Wetterballon Mit Gas gefüllter Ballon, der eine Radiosonde etwa 30 Kilometer hoch in die Atmosphäre trägt. Damit können Luftdruck, Luftfeuchte und Temperatur gemessen werden. Ein Sender funkt die Messergebnisse an eine Bodenstation.

Wettersatellit Satelliten, die die Erde meist umkreisen und Bild- und Messdaten z. B. zu Wolkenverteilung, Windbewegungen, Schnee- und Eisbedeckung, Daten zu Temperatur, Feuchtigkeit, Ozongehalt der Atmosphäre usw. senden

Wind Luftbewegung zwischen einem Tief und einem Hoch, um den Druckunterschied zwischen beiden auszugleichen

Windzonen Zonen auf der Erde in denen jeweils Winde mit einer vorherrschenden Richtung auftreten

Witterung Gleichförmige Wetterlage über einen Zeitraum von mehreren Tagen bis hin zu Wochen

Wolken Eine Ansammlung von sehr kleinen Wassertröpfchen und/oder Eiskristallen in der Atmosphäre. Nach der Höhe in der sie vorkommen und ihrer Form kann man verschiedenen Wolkengattungen und -arten unterscheiden.

Register

Bildnachweis
Corbis: Seite 13 o. (© NASA/Roger Ressmeyer), 27 o. r. (George D. Lepp),
34/35, 37 (NOAA), 63 u. (© James L. Amos),
69 o. (© Jason Lee/X01757/Reuters)
Picture-alliance/epa: Seite 66
Picture-alliance/dpa: Seite 10, 17, 29 o., 38, 39 o. r., 40, 41, 42, 43,
49, 64, 67 o., 68 u.
REUTERS: Seite 65 o. (Reinhard Krause), 65 u. (Paulo Santos)
Digitalstock: Umschlagfoto: M. Lenz M. l., Seite 8/9, 11 (G. Alkimson),
27 o. M. (A. Spannring), 28 o. (A. Lindert-Rottke), 28 u. (E. Kummer),
55 o. (B. Türk), 55 u. (S. Cremer), 59 M. l. (F. Langmann), 59 M. r.
(J. Gärtner), 63 o. (P. Müller), 68 o. (M. Steinbach), 69 u. (mphoto),
71 (A. Trautmann)
Adpic/E. Artmann: Seite 13 M.
iStockphoto: Umschlagfotos: Nicholas Belton u. l., Schaun Lowe u. r.,
Seite 29 M., 33 u., 58, 59 o., 59 u. 60, 61, 63 M., 67 M.
© ehuth/Pixelio: Seite 27 o. l.
Wikipedia: Seite 19, 20/21, 31, 33 o., 47
F1online: Seite 23
Ullstein bild – Imagebroker.net: Seite 39 o. l.
Deutscher Wetterdienst (DWD): Seite 44/45, 51, 52/53 (Karte), 53 o.

Illustrationen:
Thomas Thiemeyer: Seite 14/15 unten
Elisabetta Ferrero: Seite 17 (Karte)
Anna-Luisa und Marina Durante: Seite 30 oben
Lucia Brunelli: Seite 66 oben

Bibliografische Information der Deutschen Nationalbibliothek

Die Deutsche Nationalbibliothek verzeichnet diese Publikation in der
Deutschen Nationalbibliografie; detaillierte bibliografische Daten
sind im Internet über **http://dnb.d-nb.de** abrufbar.

4 3 2 1   15 14 13 12

© 2012 Ravensburger Buchverlag Otto Maier GmbH
Postfach 18 60, 88188 Ravensburg
Alle Rechte, auch die des auszugsweisen Nachdrucks, der
fotomechanischen Wiedergabe und der Übersetzung, vorbehalten
Text: Martina Gorgas
Illustrationen: Johann Brandstetter
Fachliche Beratung: Dipl.-Meteorologe Gerhard Lux,
Deutscher Wetterdienst
Umschlagdesign: dieBeamten.de / Anja Langenbacher und
Reinhard Raich
ISBN: 978-3-473-55291-7

www.ravensburger.de

1 Klima: K
2 Golfstrom: L
3 Windskala: W
4 Reif: I
5 Halo: A
6 Zyklon: N
7 Monsunwinde: M
8 Barometer: A
9 Hygrometer: E
10 Kontinentalklima: L
11 Erderwärmung: D

Lösungswort: Klimawandel